인생 멘토

인생

삶의 고비마다 나를 돕는 하나님의 손길

멘토

함택 지음

규장

먼저 함택 목사의 첫 책을 추천하게 되어 기쁩니다. 이 책 《인생 멘토》는 하나님이 소중하게 쓰신 인물들의 이야기입니다. 이 책이 나오기까지 저자는 그에 관한 수많은 설교를 했을 것입니다. 시인이 시를 남기고, 작곡가가 노래를 남기고, 화가가 그림을 남기듯 설교자는 설교를 남깁니다. 설교는 하나님의 영감과 설교자의 철저한 준비가 만나는 곳에서 탄생합니다. 특별히 탁월한 설교에는 설교자의 땀과 눈물, 고독한 씨름과 간절한 기도, 성도를 향한 애절한 사랑이 담겨 있습니다. 저는 이 책을 읽는 동안 저자의 땀과 눈물 그리고 성도들을 위한 간절한 기도와 사랑을 느꼈습니다.

저자의 설교는 삶으로 쓴 설교입니다. 그의 학문과 인격이 조화를 이룬 설교입니다. 저자는 구약학을 전공하고 후학들을 지도하는 학자였지만, 하나님께서 양들을 사랑하고 섬기는 목자의 마음을 주셔서 목회의 길에 들어섰습니다. 저자는 설교를 남기기 전에 성도들을 잘 양육해서 그리스도의 제자로 남기기를 원했습니다. 설교자는 설교를 만드는 공장이 아니라 성도들을 기도와 말씀으로 양육하는 사람이기 때문입니다.

저자는 설교의 능력을 확신하는 하나님의 사람입니다. 하나님께서 말씀을 통해 성도들의 삶을 변화시킨다는 사실을 아는 까닭에 성경 본문에 충실한 말씀을 전합니다. 이 책은 성경에 나오는 인물들의 이야기지만 그들의 스토리는 모두 예수 그리스도의 구속(救贖)의 드라마에 초점을 맞추고 있습니다. 그리하여 우리의 눈을 하나님께 고정하도록 만들고 하나님을 아는 지식 가운데 성장하도록 도와줍니다. 또한 성경 인물들을 통해 우리 자신을 들여다보게 합니다.

저는 이 책을 변화와 성숙을 추구하고 하나님을 더욱 깊이 알고자 하는 분들에게 추천합니다. 말씀을 통해 하나님의 풍성한 복을 받음으로써 축복의 통로가 되기를 원하고 일상의 지혜를 얻으려는 분들에게 추천하고 싶습니다. 하나님이 이 책을 통해 영혼 구원의 역사와 낙심된 영혼을 소생시키는 아름다운 일들이 이루어지기를 바라며, 이 책을 시작으로 저자가 축척해놓은 보석 같은 설교들이 계속해서 세상에 나오기를 소원합니다.

강준민 _ LA 새생명비전교회 담임목사

사람의 성공과 실패는 사건 자체에 있지 않고, 그 사건을 받아들이는 사람의 자세와 태도에 달려 있다고 합니다. 문제의 결과는 사람에 따라, 환경과 상황에 따라 다양하게 나타날 수 있습니다. 저자는 삶의 다양한 문제를 하나님의 사람들을 통해서 분석하고 해석해나갑니다. 성경 속 하나님의 사람들의 특징을 예리하게 분석한 뒤에 그 속에서 보석 같은 영적 교훈을 찾아냅니다. 그리고 그 자세와 태도가 어떻게 형성되고 현실에 적용되는지를 보여주면서 인간적인 특징을 넘어서는 영성을 다룹니다.

사람과의 만남과 다양한 경험 속에서 변화를 경험한 저자 자신의 경우를 비추어 각 인물들의 모습을 조명함으로써 우리가 알고 있는 성경 인물을 다른 차원에서 더욱 생생하게 발견하게 합니다.

함택 목사는 구약학을 전공한 학자의 관점에서 성경 인물을 둘러싼 다양한 상황과 환경을 깊이 연구하고 창조적 상상력을 동원해서 인물들과 역동적인 사건을 통해 이루어지는 하나님의 역사를 쉽게 설명해줍니다. 하나님의 사람들을 우리의 눈과 귀와 손을 통해 직접 느낄 수 있게 하는 저자의 노력은 그들을 통해 하나님께 나아가는 길을 보여줍니다. 이 책을 통해 하나님의 사람들을 우리가 익숙하게 알던 인물이 아니라 새롭게 만나는 감격과 신비를 경험하리라 확신합니다.

김형준 _ 동안교회 담임목사

성서학자요 목회자인 함택 목사는 이 책에서 성경을 꿰뚫는 통찰력으로 말씀의 의미를 설득력 있게 전달합니다. 그리고 그 말씀대로 살도록 결단하게 만드는 힘이 느껴졌습니다. 특히 우리에게 익숙한 성경 인물들의 삶의 원리를 새롭게 해석해서 펼쳐나가는 이야기가 대단히 흥미로웠습니다.

'그들은 어떻게 경쟁 사회에서 훌륭한 지도자가 되었나?', '어

떻게 척박한 환경에서 실패를 극복할 수 있었나?', '그들은 어떻
게 유혹을 이기고 성공적인 인생을 살았나?'와 같이 우리의 현실
에 적용할 수 있는 이야기와 실제 사례들을 함께 제시함으로써
훌륭한 삶의 지침이 되어줍니다.

흔히 많은 설교가 '이런 사람이 되어야 한다'를 강조하고 '어떻
게 그런 사람이 될 수 있다'는 말하지 않는 경우가 많은데, 이 책
은 매우 실제적인 적용을 강조합니다. 성도들뿐만 아니라 목회
자들에게도 도움이 되리라 확신하며 일독을 권합니다.

림형석 _대한예수교장로회 통합 총회장

함택 목사는 평범한 목회자이기 전에 성서학자이며 리더십과
멘토링의 대가입니다. 저자는 제가 담임목회 초년생으로 가장
힘들고 지칠 때, 저에게 용기를 주고 비전으로 가슴 뛰게 한 저의
진정한 멘토입니다. 저는 이 책을 읽으며 그동안 고민하고 갈등
했던 수많은 문제들에 대해 명쾌하게 제시해주는 지혜를 발견하
고 수없이 무릎을 쳤습니다. 이 책은 저자 자신의 탁월한 신학적
안목으로 성경의 위대한 인물들을 분석하고 그 속에서 성경적인

원리를 추출한 다음 리더십의 관점에서 자신의 목회에 적용하고 영적 지도자로서 성도들을 탁월하게 훈련시킨 구체적인 지침서입니다. 그래서 이 책은 단순히 성경 인물의 이야기를 다룬 것이 아니라 성경적인 원리를 자신의 삶과 목회 현장에서 검증한 빛나는 보석이라고 확신합니다. 인생을 보다 가치 있고 의미 있게 살기를 갈망하는 모든 이들에게 필독을 권합니다.

이전호 _ 충신교회 담임목사

우리는 자신의 성장을 자극하고 인생을 선한 방향으로 이끌어 줄 멘토를 필요로 합니다. 함택 목사는 멘토의 필요성을 누구보다 잘 알고 있으며 그 자신이 훌륭한 멘토를 통해 변화를 경험한 사람입니다. 그래서 그는 이 책에서 우리에게 훌륭한 인생의 멘토들을 소개하고 있습니다. 특별히 멘토의 보고라고 할 수 있는 성경의 멘토들을 찾아 자세히 소개하고 있습니다. 다양한 주제로 펼쳐지는 인물들의 이야기는 이 땅에서 하나님의 사람으로 살아가기를 원하는 우리에게 훌륭한 길잡이가 되어줄 것입니다.

임성빈 _ 장로회신학대학교 총장

인생에는 스승이 필요하다

최근에 청년들을 대상으로 한 조사에서 "인생에 롤 모델(role model)이 있는가?"라는 질문에 "롤 모델이 없다"는 응답이 절반을 넘었다는 기사를 읽었습니다. 청년 2명 중 1명이 기성세대 중에서 롤 모델이 없다고 말한 것입니다. 저는 그 기사를 읽고 참 안타까운 마음이 들었습니다.

사람은 사람과 함께 살아갑니다. 사람은 사람을 통해서 희로애락을 경험하고 깨달음을 얻으며 성장합니다. 이 진리를 잠언 27장 17절은 이렇게 풀이해줍니다. "철이 철을 날카롭게 하는 것같이 사람이 그의 친구의 얼굴을 빛나게 하느니라." 사람은 그 무엇보다 사람을 통해서 깊은 영향을 받습니다. 가장 단단한 철만이 단단한 철을 때려서 날카롭게 만들 수 있듯이 사람만이

사람을 자극하고 단련하고 성장시킬 수 있습니다. 그래서 홀로 무언가를 이룬 사람은 극히 드뭅니다. 나름의 성취를 이룬 사람들에게는 언제나 그들에게 영향을 끼친 사람들이 있었습니다.

그런 의미에서 청년들이 믿고 따를 만한 롤 모델이 없다는 것은 비극입니다. 이 시대에 필요한 것은 삶의 모범입니다. 달리 말하면 우리에게는 '멘토'(mentor), 즉 풍부한 경험과 지식을 가지고 지도와 조언을 해주며 도움을 주는 사람이 필요합니다.

내가 만나고 배운 사람들

제 삶에도 선한 영향을 끼친 훌륭한 분들이 많습니다. 그분들 중에 한 분을 꼽으라면 저는 강준민 목사님이 먼저 떠오릅니다.

제가 미국에서 박사 과정을 밟을 때 잠시 출석하던 교회의 담임 목사님이 갑자기 교회를 사임하는 일이 있었습니다. 대다수 교인들이 교회를 옮겼고, 교회에 남은 몇 분의 성도가 제게 그 교회의 목회를 부탁했습니다. 저는 그때 박사 학위를 받고 신학교 교수가 되려고 했기 때문에 그 제안에 망설일 수밖에 없었습니다. 과중한 학습량에 치이는 제가 목회까지 감당한다는 것은 불가능한 일이라고 판단했기 때문입니다. 하지만 그 문제를 놓고 깊이 기도하는 중에 제 안에 이런 음성이 들렸습니다.

"목사가 있는데 교회 문을 닫아서야 되겠느냐."

저는 그 음성에 순종해서 교회에 남은 세 가정과 함께 힘겨운 이민목회를 시작했습니다.

하지만 저는 무딘 연장이었습니다. 일반 대학을 나와 신학교에 입학해서는 줄곧 공부에 매진하여 목회 역량을 키우는 데는 소홀했기 때문입니다. 하나님의 은혜로 교회는 안정을 찾아갔지만, 제 마음은 양심의 소리에 괴로웠습니다. 열정은 있었지만 어떻게 목회를 하고, 어떻게 설교해야 하는지 잘 몰랐습니다. 제 무능을 인정하고 목회의 기초부터 배워야 한다는 내면의 소리가 점점 크게 들렸습니다.

그렇게 고심하던 중에 강준민 목사님을 만났습니다. 목사님은 당시 LA에서 교회를 역동적으로 부흥시키고 계셨습니다. 목사님은 그렇게 바쁜 와중에도 목회자 몇 사람을 대상으로 직접 제자양육을 해주셨는데, 제가 그중 한 사람이었습니다. 목사님은 일주일에 한 번 2시간이 넘는 시간 동안 자신의 삶과 사역을 통해서 얻은 통찰과 지혜를 후배 목회자들에게 아낌없이 나눠주셨습니다.

그 시간이 제게는 정말 꿈만 같았습니다. 제 소명을 다시금 확인하고 뜨거운 열정을 회복하는 시간이었습니다. 저는 목사님이 추천해준 책들을 찾아 읽고 새로운 마음으로 매일 QT를 하며 말씀 묵상에 집중했습니다. 그렇게 설교를 준비하는 과정에 변화가 일어났고, 그 변화를 통해 저는 전과는 완전히 다른 시각을 얻게 되었습니다. 전에는 자격증이 증명해주는 목사였다면 그 후로는 제 내면이 인정하는 목사가 되었습니다.

저는 그 후로도 훌륭한 분들을 많이 만났고, 그 분들에게 많은 것을 배웠습니다. 오늘의 저는 그동안 만난 많은 사람들과의 상호작용을 통해 얻은 결과물이라고 해도 과언이 아닙니다. 제가 만나고 배웠던 한 분 한 분이 다 소중하고 귀한 역할을 해주셨습니다.

하나님의 사람답게 살자!

우리가 가는 길에 격려를 얻고 끝까지 완주하기 위해서는 인생의 멘토가 필요합니다. 흔히들 어렵고 힘들 때 멘토가 필요하다고 생각하지만 단지 그때만 필요한 것은 아닙니다. 기대를 모았던 지도자들이 사람들에게 실망을 안기고 하나둘 사라지는 것을 종종 보게 됩니다. 전문가들은 그들에게 조언해줄 사람이 없을 때 그런 일이 일어난다고 진단합니다. 그렇다면 일이 잘 되어갈 때 더욱 멘토가 필요한 것입니다. 부족한 우리는 언제나 우리에게 선한 영향을 끼치는 인생의 스승들이 필요합니다.

저는 지금도 배움에 목말라 있습니다. 계속 성장하고 싶습니다. 제가 좋은 영향을 받을 수 있다면 누구에게든 배우고 싶고, 닮고 싶습니다. 요즘은 책이나 다양한 매체들을 통해 공간적, 시간적 제약을 넘어서 인생의 스승들을 만나고 있습니다. 그중 성경은 신앙적 안목을 가지고 자신의 인생을 살아간 훌륭한 멘토들을 만날 수 있는 보고(寶庫)입니다.

저는 한때 학자연하며 성경에 기술된 사건을 이해하고 아는 것에 만족했습니다. 그러나 어느 순간 사건과 인물은 별개의 요소가 아닌 뒤섞인 하나의 요소이며, 사건은 인물의 반응에 따라 전개된다는 생각을 갖게 되었습니다. 생각이 달라지자 성경을 바라보는 관점도 달라졌습니다. 사건보다 그 사건에 직면한 인물의 생각과 태도와 반응을 살피게 되었습니다. 사건 하나하나가 그 인물들에게는 가장 중요한 인생의 사건이었습니다. 그들

또한 자신이 속한 시대의 어려움과 난관들 그리고 개인적인 단점들 때문에 괴로워했던 나와 전혀 다르지 않은 사람이라는 것도 깨달았습니다. 그들의 대응이 하나님의 소명에 맞게 자신을 바꾸고 결국은 자신의 운명을 바꾼 것을 보게 되었습니다. 그리고 하나님의 사람이라면 '이렇게 살아야 하는구나' 하는 깨달음을 얻었습니다.

우리는 예수 그리스도를 믿음으로서 '하나님의 사람'이 되었습니다. 하나님의 사람으로 존재 자체가 바뀐 우리는 하나님의 사람답게 생각하고, 하나님의 사람답게 행동하고, 하나님의 사람답게 살아야 합니다. 어떻게 그렇게 생각하고 행동하며 살 수 있습니까. 우리보다 앞서간 하나님의 사람들이 있습니다. 믿음의 멘토들이 삶으로 고백한 흔적이 성경에 고스란히 남아 있습니다. 우리는 그들이 삶에서 터득한 진리들을 보고 따르는 지침서로 삼으면 됩니다.

이 책은 교회 리더를 위한 훈련 교재를 준비하던 중에 '교회 지도자들이 가져야 할 모습'에 대해 전한 메시지를 엮은 것입니다. 저는 이 책을 통해 그동안 제가 성경에서 만난 인생의 멘토들을 소개하고 싶습니다. 그들의 신앙과 결단과 성실과 헌신을 본받는다면 언젠가 우리 또한 그들의 대열에 서게 될 것입니다. 많은 사람들이 하나님의 사람들의 특징을 배워서 이 시대를 밝힐 하나님의 사람이 되기를 열망하며 기도합니다.

함택

PART 1

하나님이
찾으시는 사람

32 예수께서 이르시되 내가 진실로 진실로 너희에게 이르노니 모세가 너희에게 하늘로부터 떡을 준 것이 아니라 내 아버지께서 너희에게 하늘로부터 참 떡을 주시나니 33 하나님의 떡은 하늘에서 내려 세상에 생명을 주는 것이니라 34 그들이 이르되 주여 이 떡을 항상 우리에게 주소서 35 예수께서 이르시되 나는 생명의 떡이니 내게 오는 자는 결코 주리지 아니할 터이요 나를 믿는 자는 영원히 목마르지 아니하리라 36 그러나 내가 너희에게 이르기를 너희는 나를 보고도 믿지 아니하는도다 하였느니라 37 아버지께서 내게 주시는 자는 다 내게로 올 것이요 내게 오는 자는 내가 결코 내쫓지 아니하리라 38 내가 하늘에서 내려온 것은 내 뜻을 행하려 함이 아니요 나를 보내신 이의 뜻을 행하려 함이니라 39 나를 보내신 이의 뜻은 내게 주신 자 중에 내가 하나도 잃어버리지 아니하고 마지막 날에 다시 살리는 이것이니라 40 내 아버지의 뜻은 아들을 보고 믿는 자마다 영생을 얻는 이것이니 마지막 날에 내가 이를 다시 살리리라 하시니라

01

그리스도인으로서
정체성이 분명해야 한다

_____ 나는 누구인가?

키르기스스탄의 대서사시 《마나스》에 나오는 이야기입니다. 청년 졸라만은 매우 용맹하고 활을 잘 쏘는 명사수였습니다. 그런데 어느 날 졸라만이 사는 마을에 잔인하기로 악명 높은 츄안츄안 부족이 쳐들어왔습니다. 졸라만은 열심히 맞서 싸웠지만 역부족이었습니다. 결국 졸라만은 츄안츄안 부족의 포로가 되었고, 그의 어머니는 가까스로 탈출에 성공했습니다. 츄안츄안 부족은 악랄하게도 생포한 포로들의 머리를 밀고 암낙타의 유방 가죽을 머리에 씌운 뒤 발에 족쇄를 채워 사막에 방치해두었습니다. 강렬한 태양 아래 포로들의 머리에 씌운 가죽이 마르면서 머리를 점점 압박했고, 포로들은 극한의 고통 속에서 그만 기억을 송두리째 잃고 맙니다. 사흘이 지나 살아남은 사람은 극소수에 불과했고, 살아남았어도 자신이 누구인지 모르는 노예 만꾸르뜨로 전락합니다.

졸라만을 찾아 사막과 초원을 헤매던 어머니는 마침내 아들을 찾았지만, 졸라만은 아무 기억도 하지 못했습니다. 어머니는 그의 귀에 대고 말했습니다.

"너는 졸라만이야. 나는 네 어머니고, 네 아버지는 너에게 활 쏘는 법을 가르쳐주었지. 너는 우리 부족 최고의 명사수였어."

어머니는 이 상황이 너무 기가 막혀서 울부짖었습니다. 그러다 츄안츄안 부족이 다가오자 어머니는 급히 도망했고, 그녀가 누구냐고 묻는 말에 졸라만은 "자기가 내 어머니라고 합니다"라고 대답했습니다. 그는 졸라만에게 활과 화살을 건네면서 다시 오면 쏴 죽이라고 명령합니다.

다음날 졸라만의 어머니가 졸라만을 향해 다가오는 것이 보이자 졸라만은 한 치의 망설임도 없이 어머니를 향해 활을 겨눴습니다. 어머니는 아들에게 쏘지 말라고 소리쳤지만 화살은 속절없이 그녀의 가슴에 명중하고 맙니다. 이때 어머니가 쓰러지면서 떨어뜨린 하얀 스카프가 새로 변해 슬픈 노래를 부르면서 날아갑니다.

"네가 누구 자식인 줄 아니? 네 이름이 뭐지? 네 아버지는 도넨바이였어. 도넨바이."

참으로 슬픈 이야기입니다. 사람에게 기억이 얼마나 중요하고 소중한지 모릅니다. 우리는 기억을 통해 자신의 정체성을 유지합니다. 이 이야기는 한편으로 자신의 정체성을 잃어버리는 것이 얼마나 슬픈 일인지 확실하게 보여줍니다.

그런데 요즘도 이렇게 기억을 잃은 졸라만처럼 사는 사람들이 있습니다. 자기 정체성을 잊고 자신을 억누르는 세력의 하수인으로 살아가는 것입니다. 여러분은 어떻습니까? 여러분의 정체는 무엇입니까? 자신이 하나님의 자녀라는 사실을 알고 있습니까? 하나님이 여러분을 위해 자신의 독생자를 희생하실 만큼 사랑하시고, 그토록 사랑받는 존재임을 알고 있습니까? 또 하나님께서 이 세상을 변화시키기 위해 여러분을 거룩한 일꾼으로 삼으신 것을 알고 있습니까?

예수님의 자기 정체성

어떤 상황에서도 자신의 길을 꿋꿋이 걸어가는 사람을 자기 정체성이 분명하다고 말합니다. 자기 정체성은 쉽게 말하면 "나는 누구인가?"라는 질문에 대한 대답입니다. 다른 사람들과의 관계 혹은 어떤 가치나 목적에 대해서 자기 자신만이 갖는 고유성을 스스로 깨닫는 것입니다. 이런 의식은 자신의 고유한 특성에 부합하는 일을 일관성 있게 유지해나가도록 도와줍니다. 그래서 자신의 정체성을 분명하게 아는 사람은 자기 인생의 목적과 사명과 역할에 대한 자신과 공동체의 기대를 인식하고, 그 기대에 부응하는 결과를 이끌어냅니다. 따라서 건강한 자기 정체성은 한 사람의 인생뿐 아니라 그가 속한 공동체를 값진 열매로 충만하게 채웁니다.

발달심리학자 제임스 마르시아는 '위기'(crisis)와 '헌신'(commitment)의 상관관계로 자아정체성을 정의합니다. '위기'란 직업, 이데올로기, 종교, 가치관 등의 문제로 고민하고 방황하게 하는 것을 의미하고, '헌신'이란 자신이 선택한 것에 지속적으로 전념하는 것을 뜻합니다. 한 사람이 위기와 혼란을 거쳐 스스로 선택한 이념, 가치, 목표 등에 헌신할 때 그 사람은 성숙한 정체성을 확립했다고 할 수 있습니다.

그렇다면 성숙한 정체성을 가진 사람이 누가 있을까요? 예수님은 언제나 분명한 자기 정체성을 가지고 계셨습니다.

예수께서 이르시되 나는 생명의 떡이니 내게 오는 자는 결코 주리지 아니할 터이요 나를 믿는 자는 영원히 목마르지 아니하리라

요 6:35

예수님은 자신을 "나는 생명의 떡이다"라고 소개하셨습니다. 그리고 자신에게 오는 자들은 결코 굶주리지 않을 것이라고 말

씀하셨습니다. 이것이 무슨 뜻입니까? 예수님은 자신의 생명을 걸고 그들이 영생(永生)을 얻게 하기 위해서 이 땅에 오셨다는 것입니다.

요한복음에는 "나는 −이다"(에고 에이미, I am)라는 표현이 많이 나옵니다. 이것은 자신의 정체성을 아주 강력하게 표현하는 말입니다. "나는 생명의 떡이다"(요 6:35), "나는 세상의 빛이다"(요 8:12), "나는 양의 문이다"(요 10:7), "나는 선한 목자이다"(요 10:14), "나는 부활이요 생명이다"(요 11:25), "나는 길이요 진리요 생명이다"(요 14:6), "나는 포도나무이다"(요 15:5).

예수님은 이렇게 분명하게 자기 정체성을 밝히셨습니다. 그래서 예수님은 다른 일에 신경 쓰지 않고 오직 그분이 해야 할 일에만 집중하셨습니다.

내가 하늘에서 내려온 것은 내 뜻을 행하려 함이 아니요 나를 보내신 이의 뜻을 행하려 함이니라 나를 보내신 이의 뜻은 내게 주신 자 중에 내가 하나도 잃어버리지 아니하고 마지막 날에 다시 살리는 이것이니라 요 6:38,39

정체성은 이렇듯 사명과 직결됩니다. 예수님의 사명이 무엇입니까? 자신을 보내신 하나님의 뜻을 실현하는 것입니다. 예수님을 향한 하나님의 뜻은 하나님께서 그분에게 맡긴 사람들을 단한 명도 잃어버리지 않는 것입니다. 그들을 모두 영생에 이르게 하는 것입니다.

예수님은 정체성이 분명하셨기 때문에 십자가에 달리는 것을 두려워하지 않으셨습니다. 십자가를 통한 인류 구원의 사명을 포기하지 않으셨습니다.

> 도둑이 오는 것은 도둑질하고 죽이고 멸망시키려는 것뿐이요 내가 온 것은 양으로 생명을 얻게 하고 더 풍성히 얻게 하려는 것이라 나는 선한 목자라 선한 목자는 양들을 위하여 목숨을 버리거니와
> 요 10:10,11

이렇게 말씀하신 후에 예수님은 "나는 양을 위하여 목숨을 버리노라"(요 10:15)라고 강조하셨습니다. 예수님은 이 땅에 계시는 동안 자신의 정체성을 항상 인식하고 사셨습니다. 정체성 인식은 모든 일에 자신의 책임과 역할을 감당하게 하고, 사명 완수에 집중하게 합니다. 분명한 자기 정체성이 있으셨던 예수님은 마침내 인류 구원의 대업을 이루셨습니다.

정체성이 분명한 믿음의 선진들

성경에는 믿음의 인물들이 많이 등장합니다. 그들은 하나같이

자신의 정체성을 분명하게 인식하고 있었습니다. 그런 인식이 어떤 환경이나 상황 때문에 기가 죽거나 핍박에 굴복하지 않도록 지켜주었습니다. 그래서 멋진 신앙인으로 기록될 수 있었습니다.

다윗은 목동이었습니다. 이스라엘은 지리적 특성상 어린 시절을 목동으로 보낸 사람들이 많았습니다. 다윗이 아주 평범하게 시작했다는 뜻입니다. 하지만 다윗은 자신이 '하나님의 백성'이라는 자기 정체성이 분명했습니다. 이 정체성이 다윗을 이스라엘 역사에 화려하게 등장하게 했습니다. 다윗은 나이가 어려서 전쟁에 나갈 수 없었지만, 아버지 심부름으로 전쟁터에 나간 형들을 면회하러 갔습니다. 그때 블레셋에서는 골리앗이라는 거인 장수가 나와서 싸움을 돋우고 이스라엘 군대를 모욕했습니다. 그러나 이스라엘에서는 누구 하나 맞서 싸우지 못했습니다.

이때 다윗이 나섰습니다. 그의 출전 이유는 어떻게 살아 계신 하나님의 군대를 모욕하는 자를 살려둘 수 있느냐는 것이었습니다.

다윗이 곁에 서 있는 사람들에게 말하여 이르되 … 이 할례받지 않은 블레셋 사람이 누구이기에 살아 계시는 하나님의 군대를 모욕하겠느냐 삼상 17:26

그는 자신이 하나님의 군대인 이스라엘에 속한 것에 자긍심을 가지고 있었습니다. 하나님을 믿는 분명한 믿음이 있었습니다. 그렇게 믿음으로 나선 싸움에서 다윗은 기적 같은 승리를 얻었습니다. 다윗은 이 일로 이스라엘 역사의 영웅이 되었습니다. 자기 정체성이 분명했기에 위기 앞에서 자신을 잃어버리지 않았습니다. 분명한 자기 정체성을 가지고 위기 상황에 도망하지 않고 오히려 도전함으로써 위기를 성공의 발판으로 삼았습니다.

다니엘은 바벨론의 포로 신세였습니다. 바벨론 왕 느부갓네살이 유다를 침략해 왕족과 지도층 인사들을 포로로 잡아갔습니다. 느부갓네살 왕은 붙잡아온 포로들 중에서 귀족 자제들을 바벨론 식으로 훈련시켜서 바벨론 제국의 통치를 강화하려고 했습니다. 다니엘과 그의 친구들이 그 정책에 따라 뽑혔는데, 그들만 뽑힌 것은 아닙니다. 바벨론 제국이 정복한 모든 지역에서 선발된 영재들이 3년 동안 교육을 받고 그들 가운데 뛰어난 인재들이 왕의 관료로 등용되는 것이었습니다. 말하자면 내로라하는 수재들이 왕 앞에 영광스럽게 설 날을 꿈꾸며 치열한 경쟁을 벌이는 상황입니다. 그런 치열한 경쟁 중에 다니엘은 확고한 뜻을 정합니다.

다니엘은 뜻을 정하여 왕의 음식과 그가 마시는 포도주로 자기를 더럽히지 아니하리라 하고 자기를 더럽히지 아니하도록 환관장에게 구하니 단 1:8

여러 나라의 수재들과 치열한 경쟁에서 살아남으려면 좋은 음식을 먹고 건강을 유지하는 것이 대단히 중요합니다. 그러나 다니엘은 왕의 음식과 포도주를 거절합니다. 왕의 음식과 포도주가 무엇입니까? 출세와 영광을 상징하는 것 아닙니까? 그런데 출세와 영광을 스스로 거부합니다. 왜 그랬을까요? 신학자들은 다니엘의 행동에서 유대의 정결법을 이야기합니다. 레위기를 보면, 먹을 수 있는 짐승과 먹지 말아야 할 짐승이 구별됩니다.

그런데 포로로 끌려간 사람들이 정결법을 그토록 고수하는 이유가 무엇입니까? 포로로 끌려간 유대인들은 고국 땅을 떠났습니다. 무엇보다 하나님의 집인 성전을 떠났습니다. 성전에서 하나님께 제사를 드리는 것으로 자신들의 정체성을 유지했는데, 포로가 된 사람들은 예루살렘도, 성전도, 제사도, 안식일도 없는 사람들이 되었습니다. 그래서 그들은 포로로 끌려온 땅에서 자신들의 정체성을 지키기 위해서 할 수 있는 일을 찾았습니다. 그것이 음식물 정결법이었습니다.

다니엘과 친구들은 세상 명예와 출세보다 하나님을 믿는 백성으로 살고자 했습니다. 그렇게 자신들의 정체성을 지킨 다니엘과 친구들은 치열한 왕궁의 경쟁에서 살아남았을 뿐 아니라 황제의 두터운 신임을 받는 능력 있는 관료들이 되었습니다.

성경에는 위대한 인물들이 많이 등장합니다. 모두들 자신의 정체성과 사명을 분명히 알고 최선을 다한 사람들입니다. 그들이 모두 우리의 인생 멘토입니다. 다 열거하기에 시간이 모자랄 뿐입니다.

'예수님의 제자'라는 정체성

우리는 모두 예수님의 제자입니다. 따라서 우리도 예수님처럼 분명한 자기 정체성을 가져야 합니다. 우리의 정체는 무엇입니까? 우리는 세상의 부패를 막는 "세상의 소금"(마 5:13)입니다. 어둠을 밝히는 "세상의 빛"(마 5:14)이자 "빛의 자녀들"(엡 5:8)입니다. 우리는 '선택된 족속'이요 '왕 같은 제사장들'입니다. '거룩한 나라', '하나님의 소유인 백성'입니다.

> 그러나 너희는 택하신 족속이요 왕 같은 제사장들이요 거룩한 나라요 그의 소유가 된 백성이니… 벧전 2:9a

참으로 놀라운 이름들입니다. 과연 부족한 우리에게 어울리기나 하는 이름인지 낯이 뜨거울 정도입니다. 고대에서는 신(神)이나 왕에게만 붙여주는 별명이었습니다. 그런데 이것이 바로 우리의 정체성입니다. 우리의 이름이요, 별명입니다. 얼마나 황홀합니까? 우리가 이렇게 존귀한 존재임을 분명히 알아야 합니다.

그러므로 세상의 기준으로 자기 자신을 하찮게 여기지 마십시오. 스스로 무가치한 실패자라고 생각하지 마십시오. 우리는 단 한순간도 우리 자신이 예수님의 생명을 치르고 산 존귀한 자 임을 잊어서는 안 됩니다. 출세와 돈 때문에 우리의 인생을 팔아 넘기면 안 됩니다. 왕의 음식과 포도주가 아무리 탐나더라도 그 것을 추구하는 순간, 우리는 소금도 빛도 될 수 없음을 알아야 합니다.

그렇다면 하나님께서 왜 우리에게 이런 거룩한 영광의 이름들 을 주셨을까요?

> …이는 너희를 어두운 데서 불러내어 그의 기이한 빛에 들어가게 하신 이의 아름다운 덕을 선포하게 하려 하심이라 벧전 2:9b

그렇습니다. 우리를 죽음에서 생명으로 건져주신 하나님의 목 적이 있습니다. 하나님의 아름다운 덕을 널리 전하는 것입니다. 우리의 정체성에 맞는 역할은 이 말씀대로 하나님의 아름다운 덕을 널리 전하는 것입니다. 우리가 세상의 빛으로서 해야 할 일 또한 예수님의 생명을 널리 전하는 것입니다. 우리가 왕 같은 제 사장으로 해야 할 일은 하나님의 영광을 온 천하에 널리 자랑하 는 것입니다.

기억을 잃은 졸라만 이야기로 잠시 돌아가봅시다. 기억이 없 는 졸라만은 더 이상 졸라만이 아닙니다. 자기 정체성을 잃은 노예에 지나지 않습니다. 정체성을 잃어버린 청년은 자신을 낳아준 어머니의 가슴에 화살을 날렸습니다. 자신의 존재 근원인 어머니를 죽였습니다. 이 섬뜩한 이야기에 담긴 교훈이 무엇입니까? 자기 정체성의 상실은 곧 자기 존재의 부정(不定)이라는 것입니다. 혹시 여러분도 졸라만처럼 살고 있지는 않습니까?

우리의 구세주이시며 인생의 스승이신 예수님은 건강한 자기 정체성을 가지고 계셨습니다. "나는 생명의 떡이다"라고 말씀하실 만큼 파격적이고 분명하게 자신이 해야 할 일을 알고 계셨습니다. 그래서 그분은 십자가에 달리는 것을 마다하지 않으셨습니다.

우리는 자기 자신을 잘 알고 자신의 존재를 깊이 성찰해야 합니다. 그러나 자신만 살펴본다고 해서 우주의 진리를 알 수는 없습니다. 종교개혁가 존 칼빈은 《기독교강요》에서 두 가지 지식에 대해서 설명하는데 하나는 하나님에 대한 지식이고, 다른 하나는 인간에 대한 지식입니다.

인간의 본질은 하나님의 본체 안에서 가장 잘 찾아볼 수 있는데 그분이 우리를 창조하셨기 때문이고, 또 그분에 대해 알게 되면 우리 자신에 대해 알게 되기 때문이라고 말했습니다.

토기장이가 진흙으로 그릇을 만든다고 합시다. 어떤 그릇이 나올지는 진흙을 아무리 연구한들 알 수 없습니다. 그 그릇을 만드는 토기장이의 생각을 알아야 어떤 그릇이 나올지 알 수 있는 것입니다. 이처럼 우리가 우리 자신에 대해서 자각하는 것도 하나님에 대한 지식이 없이는 불가능합니다. 온전하게 된다는 것은 존재론적으로 나를 지으신 하나님의 의도를 알고 그 목적에 맞게 산다는 뜻입니다.

바른 자기 정체성은 건강한 인격을 만들고 인생을 소중한 작품으로 빚어가는 근본적인 힘입니다. 우리는 하나님의 사랑을 받는 하나님의 존귀한 자녀들입니다. 예수님의 생명의 빛을 세상에 밝히는 빛의 자녀들입니다. 매 순간 이 사실을 기억하십시오. 우리의 생각 속에, 우리의 말 한마디에, 우리가 하는 모든 일에 거룩한 자기 정체성이 분명하게 드러나기를 바랍니다.

♯ 그리스도인의 정체성

분명한 자기 정체성이 있는가? 예수님은 누구보다 정체성이 분명하셨다. 정체성은 사명과 직결되고, 예수님은 하나님의 뜻을 따라 구원의 사명을 이루셨다. 예수님의 제자인 우리는 이 땅의 어둠을 밝히는 세상의 빛과 소금이 되어야 한다. 하나님의 존귀한 자로서 하나님의 아름다운 덕을 널리 전하는 것이다.

35 새벽 아직도 밝기 전에 예수께서 일어나 나가 한적한 곳으로 가사 거기서 기도하시더니 36 시몬과 및 그와 함께 있는 자들이 예수의 뒤를 따라가 37 만나서 이르되 모든 사람이 주를 찾나이다 38 이르시되 우리가 다른 가까운 마을들로 가자 거기서도 전도하리니 내가 이를 위하여 왔노라 하시고 39 이에 온 갈릴리에 다니시며 그들의 여러 회당에서 전도하시고 또 귀신들을 내쫓으시더라

02

나의 인생 멘토
예수님에게 배운다

_____ *본을 보여주신 예수님*

아리스토텔레스는 인간을 사회적 동물이라고 말했습니다. 사람은 서로에게 영향을 주고받는 존재입니다. 검은 것을 가까이하면 검어지고 붉은 것을 가까이하면 붉어진다는 말처럼 좋은 사람과 어울리면 좋은 영향을 받고, 나쁜 사람과 어울리면 나쁜 영향을 받습니다.

훌륭한 지도자의 전형인 여호수아는 누구에게 영향을 받았을까요? 여호수아는 모세의 시종이었습니다. 모세라는 훌륭한 스승이자 지도자에게 그의 신앙과 지혜와 삶의 기술을 배웠습니다. 그로 인해 여호수아는 가나안 땅의 정복과 분배를 충실히 감당했습니다.

엘리사는 또 어떻습니까? 그는 바른 신앙과 이방신 숭배를 교묘히 섞어서 믿는 것에 만족하던 사람들에게 하나님의 거룩과 절대성을 외친 능력 있는 예언자였습니다. 엘리사는 대선지자 엘리야의 제자로 엘리야라는 예언자 모델로부터 신앙 인격과 하나님의 성품을 배웠습니다.

우리에게도 이처럼 보고 배우고 따를 수 있는 멘토가 필요합니다. 우리 삶의 모범이 필요합니다. 이 세상을 살다간 사람 중에 가장 훌륭한 사람이 누구일까요? 저는 예수님이라고 확신합니다. 그분은 죄로 인해 죽을 수밖에 없는 인류를 살리기 위해 세상에 오신 하나님의 독생자이십니다. 예수님은 우리의 구원자이실 뿐만 아니라 우리의 인생 모델이십니다.

또한 예수님은 이 세상에서 가장 성공적인 인생을 사신 분입니다. 그분은 이 땅에 오신 목적을 다 이루고 하늘로 가셨습니다. 탁월한 인생을 사신 예수님은 우리도 그런 삶을 살라고 가르치시기 위해 먼저 본을 보여주셨습니다.

내가 너희에게 행한 것같이 너희도 행하게 하려 하여 본을 보였노라 요 13:15

예수님의 뜻이 그렇다면 우리는 그 말씀에 순종해야 합니다. 우리는 예수님을 가까이하고 예수님에게서 배워야 합니다. 예수님의 인생을 배워서 우리의 인생을 탁월하게 살아야 합니다.

예수님의 인생 경영

1. 하루를 기도로 시작했다

예수님은 기도로 하루를 시작하셨습니다. 이것이 성공적인 인생의 첫 번째 조건입니다.

> 새벽 아직도 밝기 전에 예수께서 일어나 나가 한적한 곳으로 가사
> 거기서 기도하시더니 막 1:35

어떤 사람들은 인생의 목적이 먼저지 어떻게 기도가 먼저냐고 항변합니다. 그런데 아닙니다. 기도가 먼저입니다. 인생의 목적이라는 것이 얼마나 자기중심적입니까? 유대인을 무자비하게 학살한 히틀러를 보십시오. 히틀러는 인생의 목적이 없어서 그렇게 많은 사람을 죽였습니까? 그의 목적은 너무나 분명했습니다. 유대인을 몰살시키는 것이었습니다. 물론 우리에게 인생의 목적은 대단히 중요합니다. 그러나 그 목적이 얼마나 올바른지, 하나님께로부터 온 것인지가 더 중요합니다. 우리의 인생 목적이 숭고하고 위대해지기 위해서는 그 목적이 하나님의 뜻에 맞는지

를 먼저 살펴야 합니다.

기도는 하나님과 우리가 나누는 대화의 시간입니다. 하나님과 대화를 하다보면 무엇이 하나님의 뜻이고, 무엇이 나의 욕심인지 밝혀집니다. 그래서 제대로 기도하면 나의 욕심보다는 하나님의 뜻을 알게 됩니다. 예수님이 하루를 시작하며 기도하신 이유가 무엇입니까? 어떤 때는 사람들의 환호와 갈채가 있는 길을, 또 어떤 때는 고통스러운 가시밭길을 걸으며 계속해서 하나님의 뜻을 살피셨습니다. 예수님이 새벽에 하신 기도는 하나님으로부터 하루 일과를 확인받는 시간이었습니다.

우리는 새벽이라는 시간을 다른 차원에서 생각해볼 수도 있습니다. 성경은 특별한 사건이 새벽에 많이 일어난 것을 보여줍니다. 아브라함은 100세에 얻은 아들을 하나님께 번제로 바치라는 청천벽력 같은 명령을 듣고 바로 다음날 아침 일찍 일어나 아들을 모리아산으로 데려갑니다. 아브라함에게 그 새벽은 가슴을 찢게 하는 새벽이었지만, 신앙인에게 요구되는 순종이 무엇인지 보여준 순종의 새벽이었습니다.

야곱은 형 에서의 분노를 피해 삼촌 라반의 집으로 도망하다가 벧엘에서 잠이 들었습니다. 꿈속에서 야곱은 하늘까지 이어진 계단을 보았습니다. 다음날 아침 일찍 일어난 야곱은 그곳에 제단을 쌓고 하나님께 예배를 드렸습니다. 야곱에게 그 새벽은 불확실한 미래를 보장받은 확신과 감사의 새벽이었습니다.

이스라엘 백성들이 애굽을 탈출해 홍해를 건널 때 바다가 갈라졌습니다. 백성들은 바다 가운데를 육지로 걸어갔습니다. 애굽의 군사들도 뒤따라왔습니다. 모세가 손을 바다 위로 내밀자 새벽녘에 애굽 군대가 바다에 수장되었습니다. 그것은 하나님의 구원의 능력을 체험하는 새벽이었습니다.

여호수아가 여리고성을 공격할 때였습니다. 그 성을 점령하는 동안 여호수아는 아침 일찍 일어나 하나님의 말씀을 그대로 따랐습니다. 여호수아에게 새벽은 하나님의 능력을 이 땅 위에 펼치는 위대한 새벽이었습니다.

젊은 과부 룻은 시어머니 나오미를 봉양하기 위해 이른 아침부터 밭에 나가 이삭을 주웠습니다. 그러다 보아스를 만난 룻은 새로운 가정을 이루어 다윗의 조상이 되었습니다. 룻에게 새벽은 자신의 운명과 미래를 바꾸는 복의 열쇠가 되었습니다.

예수님은 십자가에서 인류의 죄를 위해 돌아가신 후 3일 째 되는 날에 부활하셨습니다. 이른 새벽에 부활의 역사가 일어났습니다. 주님의 무덤을 찾아간 여인들도 새벽에 무덤 앞에 도착했습니다. 그리고 바로 그 시간에 천사로부터 부활의 소식을 전해 들었습니다.

이렇게 성경을 대략 훑어보아도 새벽에 중요한 사건이 많이 일어난 것을 알 수 있습니다. 세상적 기준으로도 성공한 사람들의 약 80퍼센트 이상이 새벽 일찍부터 자신의 일에 전념한 사람들이라고 합니다.

그렇다면 새벽은 어떤 의미일까요? 단지 이른 시간만을 의미하는 것은 아닙니다. 아침에 일찍 일어나는 것을 말하는 것도 아닙니다. 그것은 새로운 시작을 의미합니다. 개척 정신을 뜻합니다. 새롭게 만들어가는 창조 정신을 말합니다. 절망에서 희망으로 새로운 발걸음을 옮기는 것입니다. 그릇된 구습이나 왜곡된 삶을 청산하고 새로운 삶을 사는 것입니다. 나의 삶뿐만 아니라 이웃과 인류의 발전을 위해서 새로운 시도를 하는 것을 뜻합니다.

따라서 우리가 성공적인 삶을 살기 원한다면 아무리 어렵고 피곤하고 힘들더라도 새벽에 승부를 걸어야 합니다. 그 시간은 하나님께서 우리의 기도를 들으시는 시간이기 때문입니다. 시편 88편을 지은 시인도 고통 속에서 하나님께 기도했는데, 이른 아침에 자신의 기도가 하나님 앞에 이르렀다고 고백했습니다.

여호와여 오직 내가 주께 부르짖었사오니 아침에 나의 기도가 주의 앞에 이르리이다 시 88:13

야곱이 얍복 강가에서 하나님과 씨름한 것처럼 새벽에 자신의 문제와 소망을 한 보따리 들고 가서 하나님과 씨름해보십시오. 그날 있을 모든 일에 바른 선택과 적절한 행동을 하도록 하나님으로부터 지침을 받아 가십시오. 하나님을 예배함으로 시작된 거룩함이 하루 종일 영향을 미칠 것입니다.

새벽기도의 자리로 나오십시오. 늦게 잠자리에 들고 늦게 일어나는 습관이 있다면 습관을 바꿔보십시오. 석 달만 고생하고 새벽기도에 참석하면 새벽기도도 습관이 됩니다. 몸이 피곤하면 쓸데없는 일에 쓸 시간이 아까워집니다. 하루하루를 기도로 시작함으로써 여러분의 인생이 달라지는 것을 체험하기 바랍니다.

2. 작은 성공에 안주하지 않았다

이르시되 우리가 다른 가까운 마을들로 가자 거기서도 전도하리니… 막 1:38

예수님이 탁월한 인생을 사셨다는 증거 가운데 하나는 예수님이 작은 성취에 안주하지 않으셨다는 점입니다. 바로 앞 절을 보면 알 수 있습니다. 예수님이 새벽에 한적한 곳에서 기도하실 때 제자들이 예수님을 찾아왔습니다. 그들은 흥분해서 예수님께 말했습니다.

"주님, 모든 사람들이 주님을 찾습니다"(막 1:37 참조).

사람들이 왜 그렇게 주님을 찾았을까요? 예수님께서 기적을 행하셔서 많은 병든 자들을 고쳐주셨기 때문입니다(막 1:34). 소문이 얼마나 빠른지 하룻밤 사이에 수많은 사람들이 예수님께 몰려온 것입니다. 제자들은 흥분했습니다. 예수님의 능력과 기적을 맛본 제자들은 예수님의 인기가 높아지니까 우쭐해졌습니다. 어떤 이들은 예수님의 능력을 체험하려고, 또 어떤 이들은 놀라운 기적을 행하신 예수님을 보러왔습니다. 그런 높은 인기를 고려해서 그들이 베풀어주는 잔치에 며칠 참여해도 좋을 것입니다. 그렇게 칭송이 자자한 분위기에서 편안히 쉴 수도 있을 것입니다.

그런데 예수님은 기적을 체험하고 병 고침을 받은 사람들 앞에서 "내가 뭐라고 했니? 나을 수 있다고 했잖아. 난 하나님의 아들이야. 소원이 있으면 말해봐. 내가 다 들어줄게"라고 하지 않으셨습니다.

예수님은 작은 성공에 안주하지 않으셨습니다. 더 큰 목적을 위해서 작은 성취를 과장하지도 않으셨습니다. 그래서 예수님은 환호하는 추종자들에게 가지 않고 "우리가 다른 가까운 마을들로 가자"고 하시며, 우쭐해하는 제자들을 재촉해 다른 마을로 가셨습니다.

하버드대학의 에드워드 밴필드 박사는 "우리 사회에서 가장 성공한 사람은 10년, 20년 후의 미래를 생각하는 장기적 시각을 가진 사람들이었다"라는 연구 결과를 발표한 적이 있습니다. 장기적 시각은 그 사람을 작은 성공, 눈앞의 성공에 만족하지 않고 먼 미래의 성취를 향해 나아가게 합니다. 그래서 성공적인 삶을 사는 사람들은 작은 성공에 만족하거나 그 자리에 안주하지 않습니다. 작은 성공에 만족하는 사람은 그릇이 작은 사람입니다. 또한 작은 성공에 만족하면 본래의 목적을 상실하고 때로 큰 위기를 초래하기도 합니다.

　이스라엘의 초대 왕 사울은 작은 성공에 만족하다가 자신의 인생을 망친 사람입니다. 이스라엘을 견고한 왕국으로 세우려면 아직 할 일이 많이 남았습니다. 그런데 그는 아말렉과의 싸움에서 승리하자 의기양양했습니다. 이스라엘을 하나님의 법 아래 든든히 세우기에 앞서 자신의 이름을 내기에 바빴습니다. 사울은 자신의 작은 성취를 선전하기 위한 기념비를 만들었습니다.

여호와의 말씀이 사무엘에게 임하니라 이르시되 내가 사울을 왕으로 세운 것을 후회하노니 그가 돌이켜서 나를 따르지 아니하며 내 명령을 행하지 아니하였음이니라 하신지라 사무엘이 근심하여 온 밤을 여호와께 부르짖으니라 사무엘이 사울을 만나려고 아침에 일찍이 일어났더니 어떤 사람이 사무엘에게 말하여 이르되 사울이 갈멜에 이르러 자기를 위하여 기념비를 세우고 발길을 돌려 길갈로 내려갔다 하는지라 삼상 15:10-12

사울은 작은 성취에 취한 나머지 하나님께서 이스라엘이라는 나라를 통해서 이루실 숭고한 목적을 잊었습니다. 자신의 이름을 높이는 기념비를 세우는 일에 전념했습니다. 이것으로 그의 내리막길 인생이 시작된 것입니다.

한때 《마시멜로 이야기》라는 책이 큰 화제였습니다. 책에는 스탠퍼드대학의 월터 미셸 박사와 연구진이 아이들을 대상으로 한 '마시멜로 실험'이 나옵니다. 그들은 네 살배기 아이들에게 마시멜로를 하나씩 나눠준 뒤 15분간 마시멜로를 먹지 않고 참으면 그에 대한 상으로 한 개를 더 주겠다고 제안했습니다. 그 결과 마시멜로를 받자마자 먹은 아이들과 15분을 기다려 하나를 더 받은 아이들, 이렇게 두 부류로 나뉘었습니다. 그로부터 14년이 흘러 연구진은 이 아이들을 다시 만났습니다. 당시 마시멜로의 유혹을 참아낸 아이들은 스트레스를 효과적으로 다룰 줄 아는 정신력과 함께 사회성이 뛰어난 청소년으로 성장한 반면 눈앞의 마시멜로를 먹어치운 아이들은 쉽게 짜증을 내고 사소한 일에도 곧잘 싸움에 말려드는 등 문제를 보였다고 합니다.

이 연구 결과를 바탕으로 책의 저자인 호아킴 데 포사다는 가상의 두 인물을 등장시켜서 성공과 실패의 삶을 풀어나갑니다. 마시멜로 실험에 참가한 경험을 인생의 성공으로 발전시킨 조너선 사장과 그의 리무진을 몰며 하루하루 순간적인 만족과 유혹에 충실한 운전기사 찰리를 등장시킵니다. 책의 내용은 쉽게 예상이 됩니다. 순간적인 유혹과 눈앞의 이익에 급급한 자는 성공하지 못한다는 것입니다.

이것은 이미 성경에 나와 있는 원리입니다. 우리 주님은 언제나 목적에 맞는 삶을 사셨습니다. 우리는 작은 성공에 만족하지 말아야 합니다. 작은 성취에 모든 것을 다 이룬 양 희희낙락하지 마십시오. 아직 우리에게는 할 일이 남아 있습니다. 하나님께서 주시는 상을 얻기 위해 계속 달려가야 합니다. "이를 위하여 나도 내 속에서 능력으로 역사하시는 이의 역사를 따라 힘을 다하여 수고하노라"(골 1:29)라는 사도 바울의 외침을 기억하십시오. 우리는 계속해서 힘을 다해 수고해야 합니다.

3. 분명한 목적의식이 있었다

예수님이 작은 성취에 만족하지 않으신 이유는 인생에 분명한 목적이 있으셨기 때문입니다. 예수님은 자신이 왜 이 세상에 오셨는지 분명히 알고 계셨습니다. 전도하기 위해서라고 하셨습니다(막 1:38 참조). 또한 예수님은 자신이 이 땅에 오신 목적이 하나님의 뜻을 행하기 위함이라고 분명히 밝히셨습니다.

> 내가 하늘에서 내려온 것은 내 뜻을 행하려 함이 아니요 나를 보내신 이의 뜻을 행하려 함이니라 나를 보내신 이의 뜻은 내게 주신 자 중에 내가 하나도 잃어버리지 아니하고 마지막 날에 다시 살리는 이것이니라 요 6:38,39

예수님은 자신이 하나님의 뜻을 따라 이 땅에 하나님나라를 전하고 인간을 구원하기 위해서 왔다는 것을 확실히 아셨습니다. 예수님은 이렇듯 인생의 분명한 목적이 있으셨습니다.

혹시 어떤 일을 하다가 일이 잘 풀리지 않아서 실망하고 있습니까? 목적이 분명했는지 점검해보십시오. 힘들고 지쳐서 그만 접어야겠다고 고민하고 있습니까? 그 일이 여러분의 인생의 목적과 일치하는지 점검해보십시오.

목적지 없이 떠돌아다니는 배를 유령선이라고 합니다. 의도하지 않고 쏜 총알, 그래서 사고를 일으키는 총알을 오발탄이라고 합니다. 우리 가운데 바쁘기는 한데 유령선처럼, 오발탄처럼 사는 사람들이 많습니다. 분주하기는 한데 열매가 없고, 있어도 그만 없어도 그만인 인생들이 많습니다.

《윈스턴 처칠의 리더십》에서 처칠은 이렇게 외칩니다.

"전 세계 모든 젊은이여. 자, 어서 떨쳐 일어나라! 실패에 굴복하지 말라. 파도는 수없이 많고 배는 하나뿐인데 배가 파도를 이기는 것은 무엇 때문인가? 그것은 배가 목적을 가지고 있기 때문이다."

목적이 분명한 사람은 어떤 어려움과 장애물도 극복할 수 있습니다. 목적이 분명하면 유혹에 흔들리지 않습니다. 목적을 성취하려고 노력하는 사람이라면 누구나 믿음, 자신감, 열정, 끈기 등 모든 잠재력을 동원하게 됩니다. 목표가 있어야 집중할 수 있습니다. 힘이 많든 적든 한곳에 쏟는 집중력이야말로 성공에 도달하게 하는 힘입니다.

여러분은 어떤 인생의 목적을 가지고 있습니까? 어떤 목적이 여러분으로 하여금 밤잠을 설치게 합니까? 여러분은 언젠가 하나님 앞에 설 때 "제가 이런 일을 하다가 왔습니다. 그것이 하나님이 저를 세상에 보내신 목적이었습니다"라고 당당히 말할 수 있겠습니까? 만약 그런 목적도 없이 살아가고 있다면 참으로 불쌍한 인생입니다.

제 인생의 목적은 예수님을 잘 믿고 주님이 주신 명령에 잘 순종하는 것입니다. 사는 동안 예수님의 뜻을 받들면서 다섯 달란트를 맡았던 종처럼 예수님이 제게 주신 달란트를 제 모든 열정과 노력과 혼신의 힘을 다해서 몽땅 사용하고 배로 남기는 것입니다. 또한 목사로서 저에게 맡겨주신 영혼들이 하나님을 잘 믿는 신실한 신앙인이 되게 하는 것입니다. 그러기 위해서 하나님의 생명력 넘치는 말씀을 선포하고, 거룩한 사명에 헌신하는 분들을 말씀으로 격려하고, 공동체의 꿈을 함께 이루어가는 것입니다.

목적이 분명한 사람은 몸이 좀 피곤해도 행복합니다. 목적을 이루기 위해 헌신하는 사람은 잠이 좀 부족하고, 목적을 이루기 위해서 다른 일을 하지 못해도 행복해합니다. 목적이 분명한 사람은 인생을 양(量)이 아니라 질(質)로 삽니다.

여러분은 인생의 목적이 있습니까? 아니면 그저 소원만 있습니까? 작가 워싱턴 어빙은 의미심장한 말을 남겼습니다. "위대한 사람은 목적을 가지고 있다. 그렇지 않은 사람들은 소원을 가지고 있다." 여러분은 지금 어떤 목적을 가지고 무슨 일에 매진하고 있습니까?

4. 목적을 이루기 위해 열심을 다했다

예수님은 분명한 인생의 목적을 성취하기 위해서 열심히 일하셨습니다. 가까운 마을로 가자고 하신 예수님은 다른 마을에 가서도 전도하고 귀신들을 내쫓으셨습니다. 갈릴리 전역을 두루 다니시며 전도하고 귀신들을 내쫓으셨습니다.

> 이에 온 갈릴리에 다니시며 그들의 여러 회당에서 전도하시고 또 귀신들을 내쫓으시더라 막 1:39

이것이 바로 예수님이 자신의 인생을 성공적으로 이끈 요인이었습니다. 많은 사람들이 원대한 계획을 세우고는 "오늘은 말고 내일부터 시작하자"라고 말합니다. 실천이 없으니 원대한 계획도, 위대한 목적도 아무 소용이 없게 됩니다.

목표가 있다면 열심을 다해야 합니다. 열심히 일하는 가운데 성취의 기쁨이 찾아옵니다. 리더십 전문가 워렌 베니스는 "진정한 행복은 오직 목표를 위해 자신을 소모하는 데서 온다"라고 말했습니다. 열심히 일하면 진정한 기쁨이 있습니다. 목표를 위해 모든 것을 쏟아 붓는 것이 행복입니다.

하나님께 늘 기도하며 인생을 밝힐 목적의식으로 빛나는 사람은 결코 말과 생각에 그치지 않습니다. 구체적인 행동과 실제적인 행위가 뒤따릅니다. 일을 만들고 성취합니다. 부정적인 조건을 찾으면 한이 없습니다. 그러나 성취하는 사람들은 부정적인 조건보다 이루어질 가능성에 초점을 맞춥니다. 그리고 철저히 실천에 옮깁니다. 환경이나 조건에 굴복하지 않습니다. 오히려 그 어려운 환경을 발전의 도약대로 삼습니다.

1950년대 베를린대학의 피아노과 교수로 유명했던 헐만은 나치 독일 때 전쟁 반대자로서 강제수용소에 갇혀 있다가 살아남은 사람입니다. 그는 하루 종일 극심한 노동에 파김치가 된 몸으로 잠들기 전에 매일 한 시간씩 피아노를 쳤다고 합니다. 강제수용소에 피아노가 웬 말입니까. 나무 침대를 피아노 건반 삼아 연습한 것입니다. 반드시 다시 피아노를 연주하리라는 결심으로 피곤한 노동과 불투명한 앞날에 대한 두려움을 이겨냈습니다. 결국 그의 결심이 그를 살렸을 뿐 아니라 그를 더욱 멋진 피아니스트로 만들었습니다. 그는 그때를 이렇게 회상했습니다.

"내가 기억하고 있던 연주곡목은 한없이 반복되며 수용소 연주장에서 밤마다 공연되었다. 소리는 나지 않았으나 나의 소망의 귀에는 그 아름다운 곡들이 쟁쟁히 울리고 있었다."

들리지 않는 그의 연주가 그의 정신을 살리고 살아야 할 소망을 회복시켜주었습니다.

무슨 일이 일어나기만을 기다리지 말고 뛰어나가 그 일을 시작하십시오. 간절히 원하는 삶은 오직 자신의 선택, 확신 그리고 행동에 의해서만 현실이 됩니다. 위대한 성취에는 항상 피땀 어린 수고가 있습니다. 환경에 굴하지 않고 이룬 성취는 위대한 것입니다. 숭고한 목적의식을 가지고 피땀 어린 수고를 할 때 우리는 위대한 일을 성취하게 됩니다. "부지런하여 게으르지 말고 열심을 품고 주를 섬기라"(롬 12:11). 우리는 열심히 일하고, 열심히 살아야 합니다. 신앙도, 일도, 교회 일도 열심히 해서 우리의 강점이 열심과 성실이 되어야 합니다.

훌륭한 믿음의 선진 토마스 브룩스는 이렇게 말했습니다.

"확신에 넘치는 그리스도인은 이론보다는 실천을 중요시하고, 말보다는 행동이 앞서며, 입술보다는 삶을 우선하고, 혀보다는 손이 훨씬 빠르다."

자신의 인생을 성공적으로 사셨던 예수님께서 우리에게 성공적인 인생을 살라고 하십니다. 예수님을 인생의 멘토로 삼아 인생을 열심히 살아갑시다. 그러면 주님이 하신 일보다 더 큰일도 하게 될 것입니다. 주님께서 우리에게 약속해주셨습니다.

내가 진실로 진실로 너희에게 이르노니 나를 믿는 자는 내가 하는 일을 그도 할 것이요 또한 그보다 큰일도 하리니 이는 내가 아버지께로 감이라 요 14:12

우리가 주님보다 더 큰일도 할 수 있다고 하십니다. 기도로 하루를 시작하면 아침부터 하나님의 은혜로 충만할 것입니다. 작은 성공에 안주하지 말고 인생의 큰 그림을 바라보십시오. 우리를 향한 하나님의 크신 섭리를 바라보며 우리 각자 인생의 목적을 확인합시다. 아직 인생의 목적이 없다면 지금이라도 분명한 목적을 세워보십시오. 하나님께서 나에게 주신 사명을 찾아보고 확인하기를 바랍니다. 그리고 그 목적을 이루기 위해서 열심히 일하십시오. 노력과 수고의 땀방울을 아낌없이 흘리며 사는 것입니다.

예수님의 인생 경영

예수님은 이 땅에서 가장 성공적인 인생을 사셨다. 우리는 예수님의 본을 따라 살아야 한다. 예수님은 기도로 하루를 시작하셨고, 작은 성공에 안주하지 않으셨다. 그분에게는 하나님의 뜻을 따라 살려는 분명한 목적이 있으셨기 때문이다. 우리도 인생의 목적을 찾고 그것을 성취하기 위해 열심을 다해야 한다.

37바로와 그의 모든 신하가 이 일을 좋게 여긴지라 38바로가 그의 신하들에게 이르되 이와 같이 하나님의 영에 감동된 사람을 우리가 어찌 찾을 수 있으리요 하고 39요셉에게 이르되 하나님이 이 모든 것을 네게 보이셨으니 너와 같이 명철하고 지혜 있는 자가 없도다 40너는 내 집을 다스리라 내 백성이 다 네 명령에 복종하리니 내가 너보다 높은 것은 내 왕좌뿐이니라 41바로가 또 요셉에게 이르되 내가 너를 애굽 온 땅의 총리가 되게 하노라 하고 42자기의 인장 반지를 빼어 요셉의 손에 끼우고 그에게 세마포 옷을 입히고 금 사슬을 목에 걸고 43자기에게 있는 버금 수레에 그를 태우매 무리가 그의 앞에서 소리 지르기를 엎드리라 하더라 바로가 그에게 애굽 전국을 총리로 다스리게 하였더라 ⋯ 53애굽 땅에 일곱 해 풍년이 그치고 54요셉의 말과 같이 일곱 해 흉년이 들기 시작하매 각국에는 기근이 있으나 애굽 온 땅에는 먹을 것이 있더니 55애굽 온 땅이 굶주리매 백성이 바로에게 부르짖어 양식을 구하는지라 바로가 애굽 모든 백성에게 이르되 요셉에게 가서 그가 너희에게 이르는 대로 하라 하니라 56온 지면에 기근이 있으매 요셉이 모든 창고를 열고 애굽 백성에게 팔새 애굽 땅에 기근이 심하며 57각국 백성도 양식을 사려고 애굽으로 들어와 요셉에게 이르렀으니 기근이 온 세상에 심함이었더라

03

하나님의
꿈을 품으라

_____ *꿈의 사닥다리*

미국의 유명한 육상 선수 찰리 패덕이 선수 시절 한 고등학교에서 강연을 했습니다.

"너희들은 어떤 사람이 되기를 원하니? 목표를 정하고 하나님께서 그것을 이루는 데 도움을 주실 거라고 믿어봐."

그는 학생들에게 꿈을 가져보라고 도전했습니다. 강연이 끝나자 한 소년이 찰리에게 달려갔습니다. 제시 오언스라는 흑인 소년이었습니다. 제시는 그의 강연에 큰 감동을 받고 "지금부터 꿈을 꾼다면 저도 꿈을 이룰 수 있을까요?"라고 물었습니다. 패덕이 말했습니다.

"물론이지. 이렇게 나에게 와서 말할 만큼 용기가 있다면 너는 분명히 해낼 거야."

　달리기 선수가 되고 싶은 제시에게 찰리 패덕은 영웅이었습니다. 제시는 자신의 코치를 찾아가 말했습니다.

"코치님, 저 꿈이 생겼어요!"

코치는 제시를 바라보며 말했습니다.

"네 꿈이 뭐니?"

"저는 가장 빠른 사람인 찰리 패덕처럼 되고 싶어요."

"그렇구나, 제시. 그런데 제시야, 꿈을 갖는 것은 훌륭하지만 그 꿈을 이루기 위해서는 그 꿈에 사닥다리를 놓아야 해. 사닥다리는 네 개의 단으로 되어 있단다. 첫 번째 단은 인내이고, 두 번째 단은 헌신이며, 세 번째 단은 훈련이고, 네 번째 단은 태도란다."

　꿈을 가지라고 한 찰리 패덕도 훌륭하지만, 이름 모를 그 코치도 대단히 훌륭합니다. 꿈이 환상으로 끝나지 않도록 꿈을 이룰 수 있는 방법과 과정을 잘 가르쳐주었기 때문입니다. 코치는 꿈을 성취하기 위해서는 인내, 헌신, 훈련, 태도가 필요하다는 것을 알려주고 싶어서 아이가 이해할 수 있도록 사다리라는 은유를 통해 가르쳐주었습니다. 그 코치의 말대로 인내, 헌신, 훈련, 태도가 꿈을 현실로 만들기 위한 기술인 것입니다.

　제시 오언스는 자신의 꿈을 절대 포기하지 않겠다고 결심했습니다. 그리고 코치가 가르쳐준 대로 꿈의 사닥다리에 발을 올

려놓고 한 단 한 단 열심히 올라갔습니다. 그 결과 제시는 100
미터와 200미터 경주에서 가장 빠른 사람이 되었습니다. 올림픽
대회에서 4개의 금메달을 땄고, 그의 이름이 명예의 전당에 오르
게 되었습니다. 그의 꿈이 현실이 되었습니다.

꿈을 현실로 만드는 기술

꿈의 사람 요셉은 자신의 손가락에 낀 인장 반지가 반짝이는
것을 보면서 이것이 꿈인지 생시인지 정신이 아득했습니다. 애굽
의 최고 권력자 바로가 요셉을 총리로 세우고 자신의 인장 반지
를 요셉에게 주었습니다. 뿐만 아니라 요셉에게 왕실의 권위와
부귀를 상징하는 세마포 옷을 입히고 금 목걸이도 걸어주었습니
다. 그리고 애굽의 두 번째 수레인 버금수레에 요셉을 태웠습니
다. 짧은 시간에 애굽의 총리 즉위식이 진행된 것입니다. 바로를
수행하던 사람들은 목청을 돋우어 "모두들 엎드려라. 총리대신
께 예의를 표하라"라고 소리쳤습니다. 그러자 궁전에 있던 모든
사람들이 요셉 앞에 엎드려 절했습니다.

바로가 또 요셉에게 이르되 내가 너를 애굽 온 땅의 총리가 되게
하노라 하고 자기의 인장 반지를 빼어 요셉의 손에 끼우고 그에게
세마포 옷을 입히고 금 사슬을 목에 걸고 자기에게 있는 버금 수레

에 그를 태우매 무리가 그의 앞에서 소리 지르기를 엎드리라 하더
라 바로가 그에게 애굽 전국을 총리로 다스리게 하였더라

창 41:41-43

참으로 엄청난 순간입니다. 요셉이 어린 시절 꾸었던 꿈이 현
실이 되었습니다. 그 짧은 순간 고통스러웠던 순간들, 눈물을
삼켰던 고난의 순간들이 요셉의 머릿속에서 주마등처럼 지나갔
을 것입니다. 그래서 더 감격스러웠을 것입니다. 이제 요셉은 하
나님이 주신 꿈을 성취하는 데 한 걸음 더 다가섰습니다. 물론
애굽의 총리가 되는 것이 꿈의 성취는 아닙니다. 그것이 끝이 아
닙니다. 그 지위와 역할을 통해서 애굽을 구하고 자신의 가족을
구하는 것, 그것이 진정한 꿈의 성취입니다.

요셉은 꿈을 현실로 만들었습니다. 그렇다면 우리가 요셉에
게 배울 점이 무엇입니까? 저는 성경을 묵상하다가 요셉의 생애
에서 몇 가지 중요한 특징을 발견했습니다. 제시 오언스의 코치
가 꿈을 이루는 기술로 '인내, 헌신, 훈련, 태도'를 제시한 것처럼
저는 요셉이 꿈을 성취한 배경을 '비전, 오뚝이 인생, 해결사, 청
지기'로 정리해보았습니다.

1. 비전: 하나님이 주신 꿈을 품었다

요셉은 꿈의 사람이었습니다. 하나님께서 자신의 인생에 이루

실 미래의 그림을 마음에 품고 살았습니다. 거룩한 비전이 그를 지켜주었고 가야 할 길로 인도해주었습니다. 거룩한 비전은 가야 할 길로 오차 없이 인도하는 안내자 역할을 합니다. 그의 꿈이 분명했기 때문에 요셉은 작은 성취에 만족하지 않았습니다. 그가 품은 꿈은 그를 계속 전진하게 하는 동력이었습니다.

요셉의 생애에 극적인 전환점이 되어준 꿈은 여섯 가지입니다. 소년 시절에 요셉이 꾼 두 개의 꿈은 형과 부모님이 자신에게 절하는 꿈이었습니다. 개인사에 관한 꿈입니다. 이 꿈은 히브리 노예 출신 요셉이 당시 최고 강대국 애굽의 총리대신이 되면서 최종적으로 이루어집니다. 이 꿈이 그에게는 비전이었습니다. 고난 속에서도 자신의 삶을 포기할 수 없는 힘이 되어주었습니다. 작은 성취에 만족하지 않고 계속 성장해가는 활력이 되었습니다.

다른 두 개의 꿈은 요셉이 감옥에 갇혀 있을 때 바로를 섬기던 두 관원이 꾼 꿈입니다. 바로의 술 맡은 관원과 떡 굽는 관원이 각각 꿈을 꾸었는데, 요셉이 그들의 꿈을 해몽해주었습니다. 한 사람은 복직될 것이고 한 사람은 사형을 받게 될 것이라고 했습니다. 이 꿈들은 요셉이 꾼 꿈은 아니지만 꿈을 다루는 요셉의 능력이 타인과 공동체까지 확장되었음을 보여줍니다. 이것은 우리의 비전이 자신만을 위해서 존재하면 안 된다는 것을 암시해줍니다. 이 꿈을 통해서 요셉은 개인의 가족사뿐 아니라 주변 사람의 인생에도 영향을 미치는 사람이 되었습니다. 비전이 성장한 것입니다. 이 꿈들이 요셉이 바로를 만날 수 있는 징검다리가 되어주었습니다.

또 다른 두 개의 꿈은 애굽 왕 바로가 꾼 것으로, 애굽과 주변 세계에 영향을 미칠 큰 꿈입니다. 이 꿈의 해몽과 처방 제시를 통해 요셉은 국가와 세계 경영으로 활동 영역이 넓어집니다. 이렇듯 요셉의 인생에서 만난 꿈들은 그의 비전이 성장하고 있음을 보여줍니다. 비전과 함께 그 비전을 다루는 요셉의 역량 또한 성장했습니다.

하나님께서 요셉에게 꿈을 주신 것처럼 여러분 각자에게도 하나님이 주신 꿈이 있을 것입니다. 그 꿈을 분명하게 확인하고, 아름다운 비전을 선명하게 그려보십시오.

2. 오뚝이 인생: 시련을 이겨내고 기회로 삼았다

꿈을 성취하려면 실패를 다루는 기술이 있어야 합니다. 사람은 누구나 실패를 경험합니다. 누구나 혹독한 시련을 겪습니다. 실패나 시련은 그 일을 겪는 사람에게 상당한 타격을 입힙니다. 물질의 궁핍, 감정적 따돌림, 핍박, 자괴감, 좌절감, 열등감 등은 큰 고통을 가져다줍니다. 그렇다고 해서 스스로 포기해버리면 진짜 실패자가 되고 맙니다. 꿈을 성취하려면 위기의 순간을 극복할 줄 알아야 합니다. 몇 번의 실패에 모든 것을 포기하는 것이 아니라 죽음과 같은 절망 가운데서도 다시 일어서는 오뚝이가 되어야 합니다.

요셉은 오뚝이 같은 인생을 살았습니다. 죽음이 기다리는 우물 구덩이에 던져졌다가 천하를 호령하는 애굽의 총리대신으로 일어섰습니다. 구덩이에 던져질 때는 형들을 무시하고 자신만 아는 철부지 소년이었지만, 총리대신이 되었을 때는 가족과 나라와 세계를 구하는 인재가 되었습니다.

보디발의 집에서 가장 비천한 종으로 시작한 요셉이 그 집의 모든 일을 관장하는 자가 되었습니다. 애굽 말도 모르는 히브리 종이었던 요셉이 보디발 집안 모든 이의 마음을 얻었고, 그가 없이는 일이 되지 않을 정도로 꼭 필요한 인재가 되었습니다.

누명을 쓰고 감옥에 들어가 학대받던 요셉이 감옥의 모든 일을 주관하는 자가 되었습니다. 옥에 갇혔을 때 많은 사람들이 주인의 은혜도 모르고 주인의 부인을 겁탈하려 했던 파렴치범이라고 요셉을 치욕적으로 대했을 것입니다. 그런데 시간이 지나면서 요셉의 됨됨이가 사람들에게 감동을 주었습니다. 나중에는 사람들이 한마디씩 거듭니다.

"내가 겪어봐서 아는데 요셉은 그런 일을 할 사람이 아니야."

그리고 어떤 일이든 요셉에게 물어보면 일이 깔끔하게 처리되었습니다. 무너졌던 그의 인격이 존경과 신뢰를 얻고 더 높아졌습니다. 이렇듯 요셉은 자신이 처한 상황이 어떠하든지 그 상황을 축복의 발판, 성공의 발판으로 삼았습니다. 실패와 시련이 축복의 씨앗이 되었습니다.

사람은 누구나 다 실수를 하고 실패도 경험합니다. 자신의 잘못으로 실패하는 경우도 있지만, 자신이 정직하고 근면해도 복잡한 세상 속에서 타인에 의해 가혹한 시련을 겪기도 합니다. 하지만 중요한 것은 실패했다고 해서 포기하지 않는 것입니다. 실패했다고 좌절하지 않는 것입니다. 오뚝이처럼 다시 일어나야 합니다. 하나님께서 주신 소중한 꿈은 결코 포기할 수 없습니다. 실패 속에 우리가 놓친 교훈이 있을 것입니다. 우리의 미숙한 대응이 있었을 것입니다. 지혜로운 사람은 실패를 값진 교훈으로 만듭니다. 우리는 그 혹독한 시련을 축복의 씨앗으로 삼고 다시 오뚝이처럼 일어나서 꿈을 향해 나아가야 합니다.

3. 해결사: 어디서나 필요한 인재로 실력을 키웠다

창세기에서 요셉 이야기를 보면 요셉을 중심으로 이야기가 돌아가는 것을 알 수 있습니다. 요셉은 어디서든 문제 해결의 열쇠를 쥐고 있었습니다. 집안의 잡다한 문제들을 편하게 해결하려면, 보디발은 요셉을 불렀습니다. 감옥의 제반 업무가 빈틈없이 잘 돌아가게 하려면, 간수장은 요셉을 불렀습니다. 대제국의 수많은 정치경제적 사안을 매끈하게 처리하고 나라를 평안히 통치하려면, 바로는 요셉을 불렀습니다.

바로 이것입니다. 요셉이 있어야 그곳의 문제가 해결되었습니다. 이윤이 생기고, 모든 사람이 기뻐하고, 일의 효율도 높아지고, 모두가 윈윈(win-win)하게 된 것입니다. 요셉은 언제 어디서나 중요 인물(key-person)이었습니다.

요셉이 어떻게 그런 중심적인 역할을 할 수 있었습니까? 그는 그 상황에 꼭 필요한 전문 지식이 있었습니다. 그래서 누구도 그를 무시할 수 없었습니다. 이것이 실력입니다. 상황이나 시대가 그에 맞는 인물을 선택합니다. 이방인 요셉이 어떻게 애굽에서 최고의 관료가 될 수 있었습니까? 그가 아니면 그렇게 중대한 문제를 해결할 수 없기 때문입니다. 출신, 학연, 지연, 혈연으로는 풀 수 없는 엄청난 문제가 생기니까 그 문제를 해결할 수 있는 사람이 뽑히는 것입니다. 이 원리는 지금도 적용됩니다. 능력과 실력만 갖추면 어디에서나 일할 수 있는 시대가 되었습니다.

요셉은 어떻게 그런 실력을 쌓았습니까? 그의 뛰어난 적응 능력이 타고난 것 같지만, 그의 인생을 살펴보면 꼭 달란트만의 문제는 아님을 알 수 있습니다. 존 맥스웰은 《사람은 무엇으로 성장하는가》라는 책에서 "오늘의 행동이 미래의 비전이 된다"고 하면서 성장과 변화를 위해서는 체계가 있어야 한다고 강조합니다. 체계란 구체적인 원칙을 흐트러짐 없이 꾸준히 실천해서 목표를 달성하는 절차를 말합니다. 성공하는 사람들은 대부분 자신의 인생에 적용되는 체계를 갖추고 언제나 성장과 변화를 거듭해왔다고 설명합니다.

그 책을 읽다가 문득 요셉을 떠올렸습니다. 그리고 발견한 것이 요셉의 체계입니다. 요셉은 자신이 있는 곳에서 최선을 다했습니다. 오늘을 성실하게 살았다는 말입니다. 오늘 꼭 필요한 것을 배우고, 매시간 근면하게 움직이고, 하루를 충만하게 살았습니다. 그의 삶에는 어떤 시스템이 있는 것 같습니다. 새로운 환경에 적응하고, 그 환경에서 최고가 되고, 환경을 개선하고 관리하는 데 필요한 아이디어를 모으고, 그 원리를 다른 영역에도 적용해 예상밖의 결과를 산출하는 것입니다. 참으로 놀라운 체계입니다. 우리도 삶의 영역에서 그런 체계가 있다면 진정한 실력을 갖게 될 것입니다. 진정한 실력은 학벌이나 학력으로 얻을 수 있는 것이 아닙니다. 자신의 재능과 은사를 발견하고 계발하는 노력이 매 순간 이루어져야 합니다. 요셉의 삶은 그가 단 한 순간도 배우는 것을 멈추지 않았음을 보여줍니다. 훌륭한 지도자들은 배움을 항상 소중히 여깁니다.

4. 청지기: 위임받은 힘을 바르게 사용했다

요셉의 꿈이 이루어질 수밖에 없는 이유는 요셉 말고는 애굽과 그의 가족을 구할 사람이 없기 때문입니다. 하나님의 구원 계획을 바르게 이해하고 충성할 사람이 요셉 외에 없었습니다. 요셉은 항상 자신이 위임받은 힘과 지위를 바르게 사용했습니다. 보디발의 집에서 자신에게 위임된 부분에만 권한을 가졌고,

그 영역을 벗어나는 것에는 헛된 욕심을 부리지 않았습니다. 그는 보디발의 가정을 지켜주었습니다. 감옥살이를 할 때도, 총리대신이 되었을 때도 요셉은 자신에게 위임된 권위와 힘을 남용하지 않았습니다. 사람을 살리고 유익하게 하는 데 사용했습니다. 그는 청지기였습니다. 그는 자신을 신임해준 하나님과 주인과 간수장과 바로에게 충성을 다했습니다. 그래서 하나님이 요셉의 꿈을 이루어주신 것입니다. 요셉의 꿈이 이루어져야 하나님이 계획하신 구원의 섭리가 이루어지기 때문입니다.

우리에게 맡겨진 인생, 재물, 가족, 재능 그 모든 것이 하나님의 것이고, 하나님의 뜻에 맞게 사용되어야 한다는 사실을 마음 깊이 새기십시오. 그러면 우리도 요셉처럼 거룩한 꿈을 이루고 축복의 통로로 쓰임받을 것입니다. 하나님께서 그렇게 사용해주실 것입니다.

꿈을 이룬 요셉

요셉처럼 꿈을 현실로 만들려면 하나님이 주시는 꿈을 품어야 한다. 거룩한 꿈을 꾸면 하나님이 그 길을 인도해주시기 때문이다. 우리는 실패와 시련이 다가와도 이겨낼 힘과 어디서나 필요한 실력을 쌓고 청지기로서 위임받은 권한을 남용하지 말아야 한다. 그러면 나의 꿈이 이루어지고 하나님의 구원 계획이 이뤄질 것이다.

PART 2

믿음의 선진에게 배우는 인생 지침

6 기브온 사람들이 길갈 진영에 사람을 보내어 여호수아에게 전하되 당신의 종들 돕기를 더디게 하지 마시고 속히 우리에게 올라와 우리를 구하소서 산지에 거주하는 아모리 사람의 왕들이 다 모여 우리를 치나이다 하매 7 여호수아가 모든 군사와 용사와 더불어 길갈에서 올라가니라 8 그때에 여호와께서 여호수아에게 이르시되 그들을 두려워하지 말라 내가 그들을 네 손에 넘겨주었으니 그들 중에서 한 사람도 너를 당할 자 없으리라 하신지라 9 여호수아가 길갈에서 밤새도록 올라가 갑자기 그들에게 이르니 10 여호와께서 그들을 이스라엘 앞에서 패하게 하시므로 여호수아가 그들을 기브온에서 크게 살륙하고 벧호론에 올라가는 비탈에서 추격하여 아세가와 막게다까지 이르니라 11 그들이 이스라엘 앞에서 도망하여 벧호론의 비탈에서 내려갈 때에 여호와께서 하늘에서 큰 우박 덩이를 아세가에 이르기까지 내리시매 그들이 죽었으니 이스라엘 자손의 칼에 죽은 자보다 우박에 죽은 자가 더 많았더라 12 여호와께서 아모리 사람을 이스라엘 자손에게 넘겨주시던 날에 여호수아가 여호와께 아뢰어 이스라엘의 목전에서 이르되 태양아 너는 기브온 위에 머무르라 달아 너도 아얄론 골짜기에서 그리할지어다 하매 13 태양이 머물고 달이 멈추기를 백성이 그 대적에게 원수를 갚기까지 하였느니라 야살의 책에 태양이 중천에 머물러서 거의 종일토록 속히 내려가지 아니하였다고 기록되지 아니하였느냐 14 여호와께서 사람의 목소리를 들으신 이 같은 날은 전에도 없었고 후에도 없었나니 이는 여호와께서 이스라엘을 위하여 싸우셨음이니라

04

사명을 찾으면
기도의 능력으로 살아간다

_____ *나의 사명*

언젠가 제가 이전 사역지에서 목회를 하다가 지쳤을 때 하나님께 여쭈었습니다.

"하나님, 왜 저를 여기에 보내셨습니까?"

하나님 앞에서 한참을 씨름하다 찾은 답은 이랬습니다. 사람들의 움츠러든 마음에 하나님을 향한 첫사랑의 간절함을 회복시키라고 저를 보내셨다는 마음이 들었습니다. 담대함을 잃은 사람들에게 용기를 북돋아주고, 고개 숙인 사람들에게 목표를 똑바로 보고 달려가라는 격려를 해주라고 하나님께서 저를 그 자리에 보내신 것이었습니다. 신앙생활에 생기를 잃은 사람들에게 새 바람과 성령의 바람을 일으키라고, 교회 공동체에 변화와 부흥의 불길을 일으키라고 하나님께서 저를 그곳에 보내신 것을 알았습니다. 그 후 하나님께서 많은 은혜를 베풀어주셨고, 제 지친 마음과 성도들의 상처도 싸매주셨습니다.

그래서 저는 이 사명 때문에 살아갑니다. 이 사명이 저를 항상 설레게 하고, 하루 종일 이 사명을 어떻게 감당할까 고민하면서 하나님 앞에 두 손을 모으게 됩니다.

아프리카의 성자 리빙스턴은 "사명을 찾는 자는 그것을 실현할 때까지는 결코 죽지 않는다"라는 말을 남겼습니다. 사명은 우리의 존재 이유입니다. 우리는 결코 먹기 위해서 사는 것이 아닙니다. 좋은 집에 살기 위함이나 높은 지위와 명예를 얻기 위해서 사는 것이 아닙니다. 우리는 사명을 이루기 위해서 살아야 합니다.

저는 제 사명과 관련해서 여호수아를 생각했습니다. 제가 사역하는 교회에 필요한 변화와 부흥을 생각하며 여호수아의 기적을 갈망했습니다. 우리의 갈급한 심령들이 성령의 단비를 맞고 놀라운 일들을 해나가야 합니다. 여호수아가 아모리 족속의 다섯 왕들과 싸울 때 태양을 붙잡아두었던 것처럼 우리도 우리의 신앙생활에서, 가정에서, 교회에서, 사회에서 그런 기적을 맛보아야 합니다.

능력을 체험하는 신앙인의 조건

우리가 하나님을 믿는 사람이라면 우리 역시 그런 기적을 만들어야 하지 않겠습니까? 우리가 그리스도인이라면 신앙인으로서 능력을 누리며 사는 것이 당연합니다. 여호수아의 인생을 통해 기적을 체험하는 신앙인의 조건을 살펴보겠습니다.

1. 여호와를 만나야 한다

하나님께서 주시는 기적과 축복을 체험하려면 먼저 하나님을 만나야 합니다. 무엇보다 하나님을 알아야 합니다.

> 그때에 여호와께서 여호수아에게 이르시되 그들을 두려워하지 말라 내가 그들을 네 손에 넘겨주었으니 그들 중에서 한 사람도 너를 당할 자 없으리라 하신지라 수 10:8

하나님이 누구십니까? 하나님은 천지를 만드신 분입니다. 모든 생명체에게 생명을 주신 분입니다. 이사야서 42장 5절은 말씀합니다.

> 하늘을 창조하여 펴시고 땅과 그 소산을 내시며 땅 위의 백성에게 호흡을 주시며 땅에 행하는 자에게 영을 주시는 하나님 여호와께서 이같이 말씀하시되 사 42:5

우리는 하나님을 믿고 나서 개인적으로 하나님을 만나야 합니다. 하나님을 인격적으로 만나면 그동안 믿지 못했던 것들을 믿게 되고 믿음이 굳건해집니다. 하나님과의 만남은 격렬한 기도 후에 오기도 하고, 생각하지 못한 때에 한없는 은혜로 찾아오기도 합니다. 아직까지 하나님과 개인적인 만남이 없다면 이렇게 기도하십시오.

"하나님, 거부할 수 없는 능력으로 다가와 제 마음을 만져주세요. 하나님의 신비한 세계를 보게 해주세요."

하나님께 이렇듯 간절히 기도한다면 하나님의 은혜가 반드시 임할 것입니다.

독일의 철학자 피히테는 이렇게 말했습니다.

"하나님을 보기 원하는가? 그대 자신을 하나님께 바쳐라. 그러면 네 가슴속에서 하나님을 볼 것이다."

'우리 자신을 하나님께 바친다'는 것이 무슨 뜻일까요? 하나님에 대한 절대적 신뢰를 바탕으로 하나님께 나를 만나달라고 간절히 기도하는 것입니다. 간절함으로 하나님의 은혜와 기적을 사모하고, 하나님의 말씀에 순종하는 것입니다.

우리가 하나님을 만나면 힘과 용기를 얻습니다. 가장 전능하신 분을 알았기 때문입니다. 생명의 근원을 알고 우주의 근원을 알았기 때문입니다. 모든 문제를 해결하실 분을 만난 것입니다. 인간의 승패는 전적으로 하나님께 달려 있습니다. 인간의 생명은 하나님께 있습니다. 그래서 어떤 일이든 승리하고 싶다면 먼저 하나님을 만나야 합니다. 하나님을 더 간절히 만나기를 소망해야 합니다. 더욱 간절한 마음으로 예수님을 알려고 해야 합니다. 더욱 절절한 심정으로 성령님이 우리와 함께해달라고 기도해야 합니다.

신앙생활의 출발은 하나님과의 만남입니다. 우리가 하나님을 체험해야 하나님을 믿을 수 있고, 어떤 일이든 하나님의 영광을 위해서 할 수 있습니다. 성경은 하나님을 체험한 사람들의 고백을 들려줍니다.

모세는 유모였던 친어머니를 통해 하나님을 알았습니다. 하지만 80세가 될 때까지 하나님을 정확히 알지는 못했습니다. 그러다 미디안 광야에서 양을 돌보던 중에 불붙은 떨기나무를 보게 됩니다. 불붙은 떨기나무에 임재한 하나님을 체험한 후에 모세의 삶이 송두리째 바뀝니다. 한 집안의 양을 돌보던 목자에서 한 민족을 구원하는 지도자가 되었습니다. 수많은 위기가 있었지만, 그는 하나님의 능력과 기적을 체험하며 어렵고 힘든 과업을 이루었습니다.

신약 시대에 사도 바울도 예수님을 체험했습니다. 그는 철저한 유대인으로 기독교인을 핍박하는 일에 전념했습니다. 기독교인들을 잡기 위해서 다메섹으로 가다가 환상 중에 예수님을 만났습니다. 그의 삶이 180도 바뀌었습니다. 그는 예수님을 만난 감격과 은혜를 일평생 잊지 않았고, 예수님을 전하는 전도자로 살다가 순교했습니다. 우리가 하나님을 만난 체험, 예수님을 만난 체험은 모든 사람에게 신앙생활의 출발점이 됩니다. 기독교 역사 가운데 수많은 사람들이 하나님을 체험하고 나서 완전히 변화된 삶에 투신했습니다.

저에게도 그런 체험이 있습니다. 저는 모태신앙으로 어린 시절 교회 마당에서 자랐습니다. 어린 나이에 부모님을 따라 기도원에 가서 열심히 기도하면서 여러 은사를 받기도 했습니다. 하지만 성장하면서 세상의 힘이 커보였고 저도 세상의 명예와 부귀를 누리고 싶었습니다. 그래서 목사가 되겠다는 어린 시절의 꿈을 버리고 정치외교학과에 진학했고, 문무를 겸비한 지도자라는 그럴듯한 스펙을 쌓으려고 ROTC(학군사관)에도 지원했습니다.

하지만 제 안에는 기쁨이 없었습니다. 당시 우리나라의 정치 현실은 암흑이었습니다. 저는 세상의 방법을 따라갈 자신이 없었습니다. 제 미래에 대해 고민하던 중에 하나님의 은혜를 체험했고, 하나님을 전하는 자로 살아야겠다는 확신이 들었습니다. 하나님께서 저를 그분의 종으로 택하셨다는 감동이 임하자 제 진로가 완전히 달라졌습니다. 강력한 하나님의 소명을 발견하고 나서 하루하루가 설레었습니다. 하루 빨리 다니던 대학을 졸업하고 신학교에 갈 생각으로 가슴이 뜨거웠습니다. 그래서 학교 졸업에 필요한 학점만 채우고 신학에 밑바탕이 되는 철학과 수업을 듣곤 했습니다. 또한 그때 ROTC는 여름이 되면 한 달간 군사훈련을 받느라 고역이었는데 그 무더위에 고된 훈련도 넉넉히 잘 감당할 수 있었습니다. 제 마음속 열정이 저를 성숙한 사람으로 만들어준 것입니다. 그때 경험한 하나님의 은혜는 지금도 다시 체험하고픈 놀라운 은혜입니다.

하나님을 만나는 체험은 이렇듯 사람을 완전히 다른 차원으로 인도합니다. 가치관이 달라지고 목표가 달라집니다. 왜 그럴까요? 존재 자체가 달라지기 때문입니다. 종이었던 사람이 자유인이 되었으니 삶의 목표와 가치관이 완전히 달라질 수밖에 없습니다.

2. 최선을 다해야 한다

"여호수아가 길갈에서 밤새도록 올라가 갑자기 그들에게 이르니"(수 10:9)라는 말씀에는 중요한 의미가 담겨 있습니다. 왕건의 고려 건국 이야기를 다룬 〈태조 왕건〉이라는 드라마가 있었습니다. 드라마에서 후백제와 후고구려가 전쟁을 벌일 때 두 나라 사이에 결전지가 결정되자 각국의 군대가 앞 다투어 전쟁터로 출전하는 장면이 나옵니다. 이 장면에서 양쪽 장군들은 하나같이 군사들을 재촉합니다. 군사들에게 득달같이 서두르라고, 빨리 가자고 합니다. 왜 그랬을까요? 적군보다 먼저 가서 그곳의 지형을 살피고 중요한 고지를 선점하기 위해서였습니다.

전쟁에서 승리하기 위해서는 전투가 벌어지는 지형을 잘 알아야 하고, 그 지형을 이용할 줄 알아야 합니다. 전투가 일어날 곳에 먼저 당도한 군대가 중요한 곳을 점령하고 매복이나 기습할 준비를 마치면, 전쟁의 승패는 결정된 것이나 다름없습니다.

여호수아가 밤새도록 올라가서 그들에게 갑자기 이르렀다는 것은 전략의 치밀함을 말해줍니다. 야습과 기습의 효과를 노리고 지형지물을 이용한 싸움을 했다는 것입니다. 이것은 무슨 뜻입니까? 사람이 할 수 있는 최선을 다했다는 것입니다. 최고의 병법과 전략을 동원했습니다.

사실 한 사람의 성공과 실패는 그 사람에게 달려 있을 때가 많습니다. 기본적으로 그가 정말 최선을 다했느냐 그렇지 못하느냐가 영향을 미칩니다. 최고 성적을 올리는 사람들의 면면을 살펴보면 그들의 천재성 뒤에 남들이 알지 못하는 엄청난 연습량과 노력이 있습니다.

미국의 홈런왕 베이브 루스는 메이저리그에서 22시즌을 뛰면서 714개의 홈런을 쳤습니다. 그는 어떻게 그런 놀라운 기록을 세울 수 있었을까요? 이런 일화가 있습니다. 팀에서 지독한 연습 벌레로 유명했던 베이브가 며칠간 연습에 나오지 않았습니다. 동료들이 그를 찾으러 갔을 때는 그의 방에서 음악이 흘러나오고 있었습니다. 베이브는 동료들이 온 것도 모르고 레코드판만 뚫어져라 노려보고 있었습니다. 그때 동료들이 베이브에게 다가가 물었습니다.

"베이브, 지금 연습에 빠지고 한가하게 음악이나 듣고 있을 땐가?"

그러자 베이브가 말했습니다.

"실은 지금 홈런 연습을 하고 있었네. 공을 제대로 치기 위해서는 날아오는 공을 정확히 볼 수 있어야 한다고 생각하거든. 그래서 돌아가는 레코드판의 바늘 끝을 공이라 생각하고 따라가고 있었네. 처음에는 회전이 빨라서 바늘 끝을 놓치기 일쑤였고 어지러워서 속이 울렁거리기도 했네만 어느 순간부터 음반의 회전이 느려지고 바늘 끝을 놓치지 않게 되었네."

참 놀랍지 않습니까? 이런 노력이 있었기 때문에 베이브가 전설의 홈런왕으로 기억되고 있는 것입니다.

여호수아가 하늘에 떠 있는 태양을 그저 말 한마디로 머물게 한 것이 아닙니다. 그가 할 수 있는 최선을 다한 후에 하나님께 부르짖었습니다. 그때 비로소 하나님께서 베풀어주시는 기적을 체험할 수 있었습니다. 우리도 그래야 합니다. 영적 체험을 하기 위해서 최선을 다해야 합니다.

그러므로 내 사랑하는 형제들아 견실하며 흔들리지 말고 항상 주의 일에 더욱 힘쓰는 자들이 되라 이는 너희 수고가 주 안에서 헛되지 않은 줄 앎이라 고전 15:58

우리는 삶을 새롭게 시작하기 위해서 최선을 다해야 합니다. 나에게 주어진 기회를 값지게 사용하기 위해서 최선을 다해야 합니다. 교회 공동체를 위하고, 각자 주어진 사명을 감당하기 위해서 최선을 다해야 합니다. 우리가 최선을 다하면 그다음은 하나님의 차례입니다. 하나님이 우리를 위해 태양도 붙잡아주십니다. 각자 삶의 현장에서 최선을 다한 후에 주님의 기적을 기대해봅시다.

3. 인간의 한계를 인식해야 한다

이 전쟁에서 이스라엘 백성이 열심히 싸웠지만, 하나님이 내린 우박에 죽은 자가 더 많았습니다.

> 그들이 이스라엘 앞에서 도망하여 벧호론의 비탈에서 내려갈 때에 여호와께서 하늘에서 큰 우박 덩이를 아세가에 이르기까지 내리시매 그들이 죽었으니 이스라엘 자손의 칼에 죽은 자보다 우박에 죽은 자가 더 많았더라 수 10:11

이것은 무슨 뜻입니까? 인간이 노력한다고 해서 항상 대가를 얻는 것은 아니라는 말입니다. 사람이 하는 일에는 한계가 있음을 알아야 합니다.

어떤 사람이 성공을 했다고 하면 대부분 그 사람의 성공 비결을 연구합니다. 그중에 몇 가지 공통점을 찾아내서 분석하지만, 그것이 성공을 가져온 근본적인 요인은 아닙니다. 아무리 열심히 해도 성공하지 못하는 경우가 더 많습니다. 왜 그렇습니까? 기회가 맞아야 하기 때문입니다.

말콤 글래드웰의 《아웃라이어》라는 책을 통해 '1만 시간의 법칙'이 알려졌습니다. 이 책은 인간의 개인적인 노력과 함께 그 노력이 결실을 맺을 수 있는 다양한 환경의 중요성을 강조합니다. 이 부분을 놓치면 안 됩니다. 성공한 사람들은 열심히 노력하는 가운데 기회가 잘 맞아떨어져서 성공할 수 있었던 것입니다. 최선의 노력과 방법론, 여기에 하나님이 주시는 복이 있을 때 성공할 수 있는 것입니다. 우리는 우리의 한계를 알아야 합니다. 인간의 노력에 하나님의 은혜와 능력이 더해지지 않으면 아무것도 이루어지지 않습니다. 이것을 명심해야 합니다.

같은 의미에서 던컨 캠벨 목사는 이런 말을 했습니다.

"하나님의 능력이 강하게 나타나지 않는 한 인간의 노력은 완전히 쓸데없음을 거듭해서 주목해야 한다."

인간의 한계, 바로 나의 한계를 인정하십시오. 그래야 전적으로 하나님을 바라볼 수 있습니다. 하나님의 기적을 체험하고 싶다면 하나님 앞에서 나의 연약함을 고백해야 합니다. 먼저 나의 무능을 인정해야 합니다. 그때 비로소 하나님의 능력을 찾게 됩니다. 그리고 하나님을 향해 부르짖을 수 있습니다.

여호와께서 아모리 사람을 이스라엘 자손에게 넘겨주시던 날에 여호수아가 여호와께 아뢰어 이스라엘의 목전에서 이르되 태양아 너는 기브온 위에 머무르라 달아 너도 아얄론 골짜기에서 그리할지어다 하매 태양이 머물고 달이 멈추기를 백성이 그 대적에게 원수를 갚기까지 하였느니라 야살의 책에 태양이 중천에 머물러서 거의 종일토록 속히 내려가지 아니하였다고 기록되지 아니하였느냐

수 10:12,13

　여호수아는 전쟁의 상황을 살피고 있었습니다. 이스라엘 군대가 너무나 잘 싸우고 있었습니다. 그런데 시간이 부족했습니다. 어둠이 몰려오면 적군들은 어둠을 틈타 달아날 것이 뻔했습니다. 적군이 전열을 정비한 다음에 다시 전쟁을 재개한다면 아군의 피해가 클 것입니다. 전쟁의 승기를 잡았을 때 완전히 이겨야 하는 법입니다. 그렇다면 해가 하늘에 조금 더 떠 있어야 합니다. 전쟁을 완전한 승리로 종결짓기 위해서 여호수아가 감히 그런 기도를 하나님께 드린 것입니다. 태양을 멈추어달라고, 달을 멈추어달라고 여호수아는 소리쳤습니다.
　"태양아, 너는 기브온 위에 머무르라! 달아, 너도 아얄론 골짜기에 그리할지어다!"

자연의 질서가 깨졌습니다. 천체의 법칙이 깨졌습니다. 해가 멈추고 달도 멈추었습니다. 하나님의 능력을 체험하는 놀라운 순간이었습니다.

우리는 여기서 여호수아의 대범함에 무릎을 치고 탄복할 수밖에 없습니다. 그의 위대한 신앙에 감탄하지 않을 수 없습니다. 여호수아가 태양을 멈추고 달을 멈추게 하는 것이 불가능하다는 것을 몰랐겠습니까? 그것은 당연한 자연의 법칙이기에 보통 사람이라면 생각하지도 못하고 기도하지도 않았을 문제입니다. 그러나 여호수아는 달랐습니다. 그런 기도를 했다는 것 자체가 놀라운 발상의 전환이요, 신앙의 힘입니다. 천지를 주재하시는 하나님의 능력을 믿고 부르짖은 살아 있는 믿음입니다. 이런 위대한 기도와 담대한 믿음이 있었기 때문에 해를 붙잡아둘 수 있었던 것입니다.

우리에게 필요한 것이 무엇입니까? 이 같은 체험입니다. 온 천지의 질서가 뒤집어지는 체험입니다. 그런데 우리는 왜 그런 체험을 하지 못합니까? 꿈이 보잘것없기 때문입니다. 스스로 되는 것, 안 되는 것을 가려가면서 재고 있기 때문입니다. 기도가 부족하기 때문입니다. 하나님의 나라를 위해서 당당하게 요구하지 않기 때문입니다.

기도는 성도의 영적인 호흡입니다. 생명을 지키려면 호흡을 해야 하듯이 영적인 삶에 기도는 필수입니다. 예수님도 항상 하나님께 기도하셨습니다. 기도를 통해서 하나님과 대화하셨고 힘을 얻으셨습니다. 그리고 인류를 구원하기 위한 십자가 길을 가셨습니다. 예수님도 그렇게 많이 기도하셨는데, 부족한 우리는 말해 뭐하겠습니까. 우리에게는 기도가 절대적으로 필요합니다. 그것이 우리를 지키는 길이요, 하나님의 뜻을 아는 길이요, 하나님의 능력을 체험하는 길입니다.

꿈을 추구하며 사는 삶

오래전에 가족과 함께 뉴욕을 여행할 때 일입니다. 맨해튼에서 가장 번화한 5번가를 같이 걸었는데, 세계 최고의 브랜드들이 경쟁하듯 신상품을 전시해놓아서 볼거리가 참 화려했습니다. 5번가를 걷다가 초등학교 5학년이었던 아들 주형이가 한 간판을 보고 제게 말했습니다. 그 간판은 알파벳 'L'과 'V'를 겹쳐놓은 것이었습니다.

"아빠, 저건 L과 V인데 라스베이거스를 말하는 거야."

그 말을 듣고 저는 순간 놀랐습니다.

'아니, 우리 아들이 그런 생각을 다 하다니!'

L과 V를 보고 Las Vegas의 약자라고 생각했다는 것 자체가 부모인 저로서는 아들이 참 기특했습니다. 그런데 L과 V를 겹쳐놓은 것은 라스베이거스의 약자가 아니었습니다. 명품 가방으

로 유명한 루이비통 매장의 간판이었습니다. 가방뿐 아니라 패션 업계의 거물이 된 루이비통의 약자였습니다. 그래서 저는 아들에게 설명해주었습니다.

"네가 저것을 보고 라스베이거스라고 말한 것을 대단한 추측이다. 아빠는 네가 그런 생각을 했다는 사실에 너무 감격했다. 그런데 저건 루이비통의 상표란다."

그러면서 언젠가 읽은 루이비통 모에 헤네시 그룹의 총수 베르나르 아르노가 한 말이 생각났습니다.

"나를 살아 움직이게 하는 것은 창조적 열정이며, 나는 일생 단 한 번도 내 꿈이나 야망에 뒤처져 살아본 적이 없다."

세상의 기업을 운영하는 사람도 이처럼 거침없는 말을 합니다. 자신의 일생에 한 번도 자신이 가진 꿈이나 야망에 뒤처져 살아본 적이 없다고 말합니다. 세상의 기업인도 그렇게 말하는데, 그렇다면 제 인생은 너무도 부끄럽습니다. 꿈을 추구하며 살아온 것이 아니라 살아가기에 급급했기 때문입니다.

우리 앞에 놓인 시간에 '우리가 무엇을 하고 어떻게 하느냐' 하는 것이 우리의 인생을 결정합니다. 우리의 미래를 결정할 결정적인 요소가 무엇일까요? 태양도 멈추고 달도 멈추게 해달라는 위대한 발상, 위대한 비전, 위대한 헌신, 그리고 위대한 기도가 아닐까요? 태양도 붙잡아둘 수 있는 놀라운 믿음으로 우리의 비전을 세워봅시다. 개인적으로도 각자의 인생을 멋지게 건

축해가야 합니다. 각자가 가진 꿈을 위해 최선을 다하고 하나님께 간절히 부르짖어야 합니다. 우리가 가진 꿈에 높은 이상과 믿음을 보태고 그것들을 성취해봅시다.

우리 모두가 살아 계신 하나님의 능력을 체험하는 체험 신앙을 가질 수 있도록 영적인 생활에 더욱 집중해야 합니다. 예배를 드릴 때마다 주님을 만나는 감격과 기쁨이 깃들고, 하나님의 말씀을 들을 때마다 그 말씀이 곧 순종으로 구체화되어야 합니다. 공동체에 은혜가 넘치고, 모든 교인들이 한마음 한뜻으로 사랑을 나누어야 합니다. 공동체의 한 사람 한 사람이 있는 곳이 곧 하나님의 사랑이 구현되는 선교지가 되는 것입니다. 바로 그 현장에서 우리가 과감하게 하나님께 부르짖고 하나님의 능력을 체험해야 합니다.

해야 할 일이 너무나 많습니다. 여호수아는 태양도 붙잡아두는데 우리는 무엇을 하고 있습니까? 부정적이고 소극적인 사고를 버리고 하나님을 통해서 위대한 꿈을 꾸고 위대한 비전을 바라봅시다. 남들이 다 안 된다고 해도 여호수아처럼 과감히 도전하고 과감히 전진합시다.

큰 꿈을 꾸고 계획을 크게 세우고 기도하면서 발걸음을 옮깁시다. 그 옛날 여호수아는 태양을 불러 세우고 달을 불러 세웠습니다. 지어낸 이야기가 아닙니다. 성경 속 이야기니까 불가능한 일이라고 생각합니까? 그 기적이 우리의 기적으로 마음에 새

거질 때 기적은 재현될 수 있습니다. 그 기적이 우리의 기적이 될 수 있습니다.

"태양아, 너는 기브온 위에 머무르라. 달아, 너도 아얄론 골짜기에 그리할지어다."

큰 비전을 품고 크게 부르짖는 자의 외침입니다. 하나님의 능력을 체험하게 될 바로 우리의 외침입니다. 물론 태양이나 달을 멈출 필요는 없습니다. 대단한 기적을 통해서만 하나님의 능력을 체험하는 것은 아니기 때문입니다. 하나님이 주신 사명 안에서 우리 각자가 하나님을 놀랍게 만나기를 바랍니다.

능력의 기도자 여호수아

여호수아는 사명을 감당하기 위해서 태양과 달을 멈춰달라는 놀라운 기도를 드렸고, 그의 담대한 믿음과 위대한 기도가 기적을 만들었다. 우리에게는 부르짖는 기도가 절대적으로 필요하다. 사명을 찾고 담대하게 나아갈 때 하나님의 능력을 체험하는 길이 열리기 때문이다.

6 그때에 유다 자손이 길갈에 있는 여호수아에게 나아오고 그니스 사람 여분네의 아들 갈렙이 여호수아에게 말하되 여호와께서 가데스 바네아에서 나와 당신에 대하여 하나님의 사람 모세에게 이르신 일을 당신이 아시는 바라 7 내 나이 사십 세에 여호와의 종 모세가 가데스 바네아에서 나를 보내어 이 땅을 정탐하게 하였으므로 내가 성실한 마음으로 그에게 보고하였고 8 나와 함께 올라갔던 내 형제들은 백성의 간담을 녹게 하였으나 나는 내 하나님 여호와께 충성하였으므로 9 그날에 모세가 맹세하여 이르되 네가 내 하나님 여호와께 충성하였은즉 네 발로 밟는 땅은 영원히 너와 네 자손의 기업이 되리라 하였나이다 10 이제 보소서 여호와께서 이 말씀을 모세에게 이르신 때로부터 이스라엘이 광야에서 방황한 이 사십오 년 동안을 여호와께서 말씀하신 대로 나를 생존하게 하셨나이다 오늘 내가 팔십오 세로되 11 모세가 나를 보내던 날과 같이 오늘도 내가 여전히 강건하니 내 힘이 그때나 지금이나 같아서 싸움에나 출입에 감당할 수 있으니 12 그날에 여호와께서 말씀하신 이 산지를 지금 내게 주소서 당신도 그날에 들으셨거니와 그곳에는 아낙 사람이 있고 그 성읍들은 크고 견고할지라도 여호와께서 나와 함께하시면 내가 여호와께서 말씀하신 대로 그들을 쫓아내리이다 하니

05

믿음의 눈으로 바라보고
비전을 이룬다

———— *담대하게 거침없이!*

최근에 토론토대학의 심리학과 교수 조던 피터슨이 쓴《12가지 인생의 법칙》이라는 책을 인상 깊게 읽었습니다. 이 책은 바닷가재 이야기로 시작합니다. 바닷가재는 신경 구조가 단순하고 뇌 안의 신경 세포가 커서 신경계를 쉽게 관찰할 수 있다고 합니다. 영역과 암컷을 차지하기 위한 바닷가재들의 싸움이 치열하게 벌어집니다. 싸움에서 패한 바닷가재는 자신감을 잃고 뇌 구조가 완전히 해체되어 약자에 적합한 새로운 뇌가 만들어집니다. 바닷가재가 자신만만한 모습인가 위축된 모습인가를 결정하는 것은 신경 세포의 교감을 조절하는 두 화학 물질인 세로토닌과 옥토파민에 달려 있다고 합니다. 싸움에서 승리하면 세로토닌의 비율이 높아지고, 패배하면 옥토파민의 비율이 높아집니다. 세로토닌 수치가 높은 바닷가재는 거만하게 행동하고 모든 것을 차지합니다. 그러나 옥토파민 수치가 높은 바닷가재는 작은 도전에도 쉽게 움츠러들고 물러섭니다.

그런데 이런 현상이 사람에게도 나타난다고 합니다. 물론 인간은 얼마든지 스스로 선택할 수 있다고 강조하면서 누군가에게 괴롭힘을 당하는 것을 예로 듭니다. 왜 괴롭힘을 당할까요? 피해자가 가해자에게 맞서 싸울 힘이 없기 때문입니다. 그런데 괴롭힘을 당하는 더 큰 이유는 피해자가 맞서 싸울 생각을 하지 않기 때문이라고 합니다. 부당한 일을 당했을 때 처음부터 단호히 거부하고 의사를 분명히 밝히면 가해자는 심리적으로 위축되고 행동에도 제약을 받습니다. 피해자가 억압에 저항하면 자존감이 높아지고 긍정적인 순환 고리가 작동하는 것입니다.

그래서 피터슨은 사람들에게 어깨를 펴고 똑바로 서라고 힘주어 말합니다. 그러나 사람은 몸으로만 만들어진 존재가 아니라 정신적인 존재이기 때문에 몸을 똑바로 하라는 말에는 정신 역시 똑바로 하라는 요구가 있다고 합니다. 똑바로 선다는 것은 두 눈을 크게 뜨고 삶의 엄중한 책임을 다하겠다, 혼돈을 질서로 바꾸기 위해서 적극적으로 노력하겠다는 의지의 표현입니다. 생산적이고 의미 있는 일을 하기 위해서 어떠한 희생도 감수하겠다, 옳은 것과 편한 것이 충돌하는 지점에서 십자가를 지겠다는 뜻입니다. 그래서 피터슨은 당장 자세부터 바로 잡으라고 충고합니다. 자신의 생각을 거침없이 말하고, 바라는 것이 있으면 그런 권리를 가진 사람처럼 당당하게 요구하라고 말합니다.

제가 이 책을 읽는데 마치 한 편의 설교를 듣는 것 같은 착각이 들었습니다. 그만큼 설득력이 있는 조언이었습니다. 담대하게 자기주장을 하고 당당하게 살아가는 사람은 보기에도 멋있습니다. 그렇게 살아가는 사람이 부럽기도 합니다.

저희 교회의 올해 표어를 '담대하게 거침없이'로 정했는데, 이 말만으로도 답답한 현실 가운데 살아가는 우리에게 힘을 실어 줍니다. 그러나 아무 일이나 담대하게 거침없이 밀어붙이라는 말은 아닙니다. 이 표어는 사도행전 마지막에 나오는 말씀입니다. "하나님의 나라를 전파하며 주 예수 그리스도에 관한 모든 것을 담대하게 거침없이 가르치더라"(행 28:31). 사도 바울은 생명이 다하는 순간까지 하나님나라를 전하고 예수 그리스도에 관한 모든 것을 담대하게 거침없이 가르쳤습니다. 따라서 이 말은 바울의 모범을 따라 우리도 생명의 복음을 담대하게 거침없이 전하자는 뜻입니다.

믿음으로 바라보는 눈

85세의 갈렙도 여호수아에게 "이 산지를 내게 주소서!"라고 당당하게 요구합니다. 갈렙의 말을 곱씹어보면 그가 어떻게 이런 요구를 했는지 알 수 있습니다. 갈렙은 45년 전에 다른 정탐꾼들과 함께 약속의 땅인 가나안 땅을 정탐하고 돌아와 백성들 앞에서 정탐 결과를 보고했습니다. 다른 정탐꾼들의 보고는 백성의 간담을 녹게 했지만, 갈렙은 여호와께 충성했습니다.

내 나이 사십 세에 여호와의 종 모세가 가데스 바네아에서 나를 보내어 이 땅을 정탐하게 하였으므로 내가 성실한 마음으로 그에게 보고하였고 나와 함께 올라갔던 내 형제들은 백성의 간담을 녹게 하였으나 나는 내 하나님 여호와께 충성하였으므로 수 14:7,8

당시 여호수아와 갈렙을 제외한 10명의 정탐꾼들은 자신들이 보고 온 것을 가감 없이 전했습니다. 가나안 사람들은 신체 조건이 뛰어났고 무기 체계도 훨씬 앞서 있었습니다. 그래서 그들은 군사력으로 비교하면 도저히 이길 수 없는 자들이라고 보고했습니다. 정탐꾼 10명의 보고에 백성의 간담이 녹았습니다. 이것이 잘못입니까? 아닙니다. 정탐꾼들이 어떤 것을 과장하거나 축소해서 보고하면 어떤 결과가 일어납니까? 잘못된 정보에 근거해 전략을 세우고 병력을 운영한다면 그 나라는 망하고 맙니다. 바른 정보를 제공하는 것이 기본 중의 기본입니다.

그런데 갈렙은 이 대목에서 '여호와에 대한 충성'을 언급합니다. 왜 그랬을까요? 갈렙은 눈에 보이는 현상만 본 것이 아닙니다. 객관적으로 평가하면 병력이나 무기 면에서 자신들이 밀릴 것이 분명했습니다. 하지만 그는 창조주 하나님의 무한하신 능력을 생각했습니다. 자신들은 무기력하고 한심하기 짝이 없지만, 하나님이 함께하시면 거인 같은 저들이 오히려 '우리의 먹이'가 될 것이라고 담대하게 말했습니다. 그리고 다른 이들의 믿음 없는 태도에 옷을 찢으며 분개했습니다. 이것이 믿음입니다. 보지 못하는 것을 보는 것입니다. 능력의 하나님을 바라보면서 인간적인 조건을 극복해가는 것입니다.

우리는 이처럼 모든 것을 믿음의 눈으로 보아야 합니다. 우리를 이끄시는 하나님의 인도하심을 바라야 합니다. 갈렙과 같은 믿음만 있다면 우리는 하나님께서 예비해두신 복을 누리게 될 것입니다.

이런저런 일들로 혼란스럽고 어수선하더라도 지금 생각하고, 염려하고, 계획하는 모든 것을 인간의 눈으로만 보지 마십시오. 하나님을 믿는 믿음의 눈으로 보기 바랍니다. 믿음의 시각으로 준비하십시오. 믿음으로 행동하십시오. 불가능의 영역을 믿음으로 정복해보십시오. 갈렙을 통해 비전을 이루는 사람으로 당당하게 살아가는 법을 배워보려고 합니다. 이때 우리 인생의 모든 영역에서 "이 산지를 내게 주소서"라고 외치는 믿음의 요구가 필요합니다.

마음에 새겨야 할 비전

갈렙이 여호수아에게 "이 산지를 내게 주소서"라고 당당히 요구할 수 있었던 것은 그에게 분명한 비전이 있었기 때문입니다.

그날에 모세가 맹세하여 이르되 네가 내 하나님 여호와께 충성하였은즉 네 발로 밟는 땅은 영원히 너와 네 자손의 기업이 되리라 하였나이다 수 14:9

갈렙은 45년 동안 모세의 약속을 마음에 품고 있었습니다. 자신이 밟는 땅이 영원히 자신과 자신의 후손들에게 돌아갈 것이라는 비전을 품고 있었습니다. 갈렙은 정탐꾼으로 40일간 가나안 땅을 구석구석 밟아본 사람입니다. 젖과 꿀이 흐르는 그 땅의 풍요로움을 직접 체험했습니다. 풀 한 포기 자라지 않는 척박한 광야에서 문득문득 생각나는 그 땅은 말 그대로 천국이었을 것입니다. 후손들이 농사를 짓고 하나님을 예배하며 국가의 튼튼한 기틀을 마련할 약속의 땅이었습니다. 그러니 반드시 가야 할 땅이요, 후손들이 새 역사를 시작할 약속의 땅임을 더욱 간절히 느꼈을 것입니다.

사람이 보고 체험하는 것은 무척 중요합니다. 상상하는 것에는 한계가 있습니다. 대부분의 사람들은 자신들이 알고 경험한 것을 토대로 상상할 뿐입니다. 우리의 상상력을 키우기 위해서는 부지런히 배우고 느끼고 경험의 영역을 확장해나가야 합니다.

갈렙은 후세에 자연히 비전을 심어주는 사람이 되었을 것입니다. 젊은이들이 갈렙에게 몰려와 갈렙이 본 가나안 땅에 대해서 물었을 것입니다. 하나님이 조상들에게 주시겠다고 약속한 땅, 그래서 반드시 그들이 가야 할 땅에 대해 물었을 것입니다. 갈렙은 자신의 경험을 풀어놓으며 후세들에게 나아가야 할 방향을 알려주었을 것입니다. 그는 다음 세대의 비전을 세워주는 지도자였습니다.

비전이 무엇입니까? 미래에 이루고자 하는 꿈 아닙니까? 여러분에게 비전이 있습니까? 지금 속한 교회가 비전이 분명한 교회라고 생각합니까? 우리는 눈앞의 현실 너머를 볼 수 있습니까? 존재하지 않는 것을 창조하고 만들 수 있습니까? 아직 우리가 이루지 못한 성숙한 존재를 그리며 그렇게 되도록 나아가고 있습니까? 우리에게는 분명한 비전이 있어야 합니다.

저는 교회의 비전을 생각하며 마음을 쏟고 있습니다. 우리에게는 이 땅에 존재하는 가장 좋은 교회가 될 비전이 있어야 합니다. 저희 교회의 비전은 온 누리에 생명의 기쁨을 전하는 교회가 되는 것입니다. 생명의 기쁨이란 예수님을 믿고 얻게 되는 구원의 은혜입니다. 그래서 우리는 이런 꿈을 꾸어야 합니다. 많은 사람들이 예수님을 통해서 얻은 생명의 잔치를 벌이는 교회, 하나님께서 주신 거룩한 소망으로 미래를 준비하는 교회, 상처받은 영혼들이 치유받고 다른 사람들을 돕는 교회, 성령의 역사를 체험하는 교회, 성도의 교제가 무르익어 서로의 삶을 떠받쳐주는 교회, 주님의 은혜와 사랑 때문에 구제에 힘쓰는 교회, 영혼에 대한 큰 사랑으로 전 세계를 교구로 삼고 선교하는 교회, 미래의 일꾼들을 양육하는 교회, 지역 사회의 문제를 해결해주는 교회 등 하나님께서 함께하시기만 한다면 우리의 비전은 끝이 없습니다. 이런 교회의 비전들이 우리 마음에 자리하고 있으면 우리의 발걸음이 옮겨지고 꿈이 현실로 변할 것입니다.

우리 각자의 삶에서도 비전을 세우고, 비전을 가꾸고, 비전을 성취해야 합니다. 세상 사람들도 자신들의 꿈을 성취하고 멋진 삶을 사는데 믿음을 가진 우리는 어떻겠습니까? 전능하신 하나님을 믿고 따르는 우리의 비전은 얼마나 위대하고 멋지겠습니까? 여러분 자신의 비전을 그리십시오. 그리고 교회 공동체의 비전을 가슴에 새기십시오.

도전하는 인생은 아름답다

갈렙은 도전하는 사람이었습니다. 85세가 되었다고, 늙었다고 은퇴하고 편하게 여생을 보내려고 하지 않았습니다. 오히려 믿음의 사람으로 비전을 이루기 위해서 과감하게 도전하는 삶을 살았습니다. 갈렙은 자신이 85세가 되었지만 40세 때와 같이 강건하여 싸움에 나갈 수 있다고 말합니다(수 14:10,11). 여호수아에게 허락만 해주면 자신이 올라가서 그 산지의 거인들을 쫓아내고 산지를 차지하겠다고 합니다.

도전하는 사람은 아름답습니다. 도전하는 인생은 개척의 깃발을 휘날리는 인생입니다. 새로운 세계를 향해 열린 삶을 삽니다. 남이 해주기만 바라는 사람은 기껏해야 그 사람이 해주는 만큼만 얻을 수 있습니다. 하지만 도전하는 사람은 자신의 한계를 넘어섭니다. 감나무 밑에서 감이 떨어지기만을 기다리는 사람은 굶어 죽든지 떨어지는 감에 맞아 죽을 뿐입니다. 그러나 감을 따기 위해서 노력하는 사람은 자신의 배를 불릴 뿐 아니라 그것을 다른 사람들에게 팔아 이익을 남길 수 있습니다. 다른 사람의 도움만 기다리지 말고 스스로 도전하십시오. 85세의 갈렙이 "나는 이제 늙을 만큼 늙었으니 너희들이 대신 싸워다오. 하지만 그 땅은 하나님께서 약속하신 것이니 반드시 내게 넘겨다오" 이렇게 말하지 않았습니다. 어떻게 그 일을 남에게 맡깁니까? 스스로 도전합니다. 도전해서 하나님의 축복을 찾습니다.

그런데 옛날 생각만 하면서 푸념만 하는 사람들이 있습니다. '그때 좀 더 배웠으면…', '운전만 잘했으면…', '조금만 건강했으면…', '10년만 더 젊었어도…', '조금만 일찍 사업을 시작했으면 나도 뭐 좀 할 수 있을 텐데….' 천만의 말씀입니다. 이유나 조건을 따지지 마십시오. 지금의 상황과 조건에서 도전하십시오. 하나님을 믿는 믿음이 있고 가슴에 뜨거운 비전이 있다면 겁낼 것이 무엇입니까? 조건이 다 무슨 소용입니까? 도전하십시오. 하나님이 우리 등 뒤에 계십니다. 어디를 가든지 함께하겠다고 약속해주신 하나님께서 우리와 함께하십니다.

1950년대 미국에 오랫동안 해온 사업이 완전히 실패하고 빈털터리가 된 65세 노인이 있었습니다. 수년간의 노력이 한순간에 물거품이 되었습니다. 그에게 남은 것이라고는 집 한 채와 낡은 자동차, 은퇴 보장금 105달러뿐이었습니다. 그러나 노인에게는 한 가지 꿈이 있었습니다. 오랫동안 요식업을 하면서 터득한 요리 비법을 한 가지 알고 있었습니다. 그는 65세라는 인생의 황혼기에 접어들었지만 빈둥대고 시간을 보낼 수는 없었습니다. 죽는 순간까지 열심히 살고 싶었습니다. 그는 이렇게 다짐했습니다.

"나는 녹슬어 사라지기보다 다 닳아빠진 후에 없어지겠다."

노인은 자신의 요리법을 사줄 후원자를 모으기 위해 천 번이넘는 문전박대를 당했지만 마침내 후원자를 찾았고 켄터키주에서 치킨 전문점을 열었습니다. 사람들은 그의 사업에 큰 관심이 없었지만 점차 그 가게가 켄터키주뿐 아니라 미국 전역으로 퍼져나갔고 세계 각처에서 성업하게 되었습니다. 이 가게가 바로 유명한 패스트푸드 업체 KFC입니다. 그리고 KFC 입구에 서 있는 할아버지 상이 바로 그 노인, 커넬 샌더스입니다.

제 어머니가 한번은 그 노인상이 왜 치킨 가게 앞에 있느냐고 물으셨습니다. 그때 제가 답했습니다.

"나이가 들어도 꿈을 갖고 도전해서 전 세계에 치킨 가게를 성공시킨 할아버지예요."

도전하는 인생은 성취하는 인생이자 생명력이 넘치는 인생입니다.

"이 산지를 내게 주소서!" 어려운 상황에서 움츠러들 때 외쳐야 할 말입니다. 하나님의 전능하심을 잊고 자신의 무능함만 부각될 때 반드시 기억하고 소리쳐야 할 외침입니다. 하나님의 전능하심을 믿고 하나님이 주신 비전을 생각하면서 외치십시오. 어떤 압력이나 회유에도 굴복하지 않고 도전하면서 "이 산지를 내게 주소서"라고 외치십시오. 하나님께서 여러분 인생에 약속하신 복된 산지를 얻게 될 것입니다.

담대한 비전의 사람 갈렙

85세의 갈렙은 도전하는 사람이었다. 갈렙은 하나님의 약속을 잊지 않고 헤브론 산지를 당당히 요구했다. 우리 역시 하나님이 주신을 비전을 마음에 새기고 믿음으로 요구한다면 각자의 인생에 약속하신 산지를 반드시 얻게 될 것이다.

1하가랴의 아들 느헤미야의 말이라 아닥사스다 왕 제이십년 기슬르월에 내가 수산 궁에 있는데 2내 형제들 가운데 하나인 하나니가 두어 사람과 함께 유다에서 내게 이르렀기로 내가 그 사로잡힘을 면하고 남아 있는 유다와 예루살렘 사람들의 형편을 물은즉 3그들이 내게 이르되 사로잡힘을 면하고 남아 있는 자들이 그 지방 거기에서 큰 환난을 당하고 능욕을 받으며 예루살렘 성은 허물어지고 성문들은 불탔다 하는지라 4내가 이 말을 듣고 앉아서 울고 수일 동안 슬퍼하며 하늘의 하나님 앞에 금식하며 기도하여 5이르되 하늘의 하나님 여호와 크고 두려우신 하나님이여 주를 사랑하고 주의 계명을 지키는 자에게 언약을 지키시며 긍휼을 베푸시는 주여 간구하나이다 6이제 종이 주의 종들인 이스라엘 자손을 위하여 주야로 기도하오며 우리 이스라엘 자손이 주께 범죄한 죄들을 자복하오니 주는 귀를 기울이시며 눈을 여시사 종의 기도를 들으시옵소서 나와 내 아버지의 집이 범죄하여 7주를 향하여 크게 악을 행하여 주께서 주의 종 모세에게 명령하신 계명과 율례와 규례를 지키지 아니하였나이다 8옛적에 주께서 주의 종 모세에게 명령하여 이르시되 만일 너희가 범죄하면 내가 너희를 여러 나라 가운데에 흩을 것이요 9만일 내게로 돌아와 내 계명을 지켜 행하면 너희 쫓긴 자가 하늘 끝에 있을지라도 내가 거기서부터 그들을 모아 내 이름을 두려고 택한 곳에 돌아오게 하리라 하신 말씀을 이제 청하건대 기억하옵소서 10이들은 주께서 일찍이 큰 권능과 강한 손으로 구속하신 주의 종들이요 주의 백성이니이다 11주여 구하오니 귀를 기울이사 종의 기도와 주의 이름을 경외하기를 기뻐하는 종들의 기도를 들으시고 오늘 종이 형통하여 이 사람들 앞에서 은혜를 입게 하옵소서 하였나니 그때에 내가 왕의 술 관원이 되었느니라

06

리더는
책임지는 사람이다

_____ **익명성을 즐기는 사람들**

현대의 특징 가운데 하나는 익명성을 즐기는 것이라고 합니다. 대중 속에 자신을 숨기고 드러내지 않는 것입니다. 왜 사람들은 자신이 드러나는 것을 좋아하지 않을까요? 물론 대접받고 존경받는 일이라면 자신을 드러내고 싶겠지만 귀찮고 힘든 일이라면 그것에 연루되지 않으려고 자신을 숨기는 것입니다.

인터넷의 발전은 인류의 역사를 가르는 굵직한 변화 가운데 하나임이 분명합니다. 그런데 초고속 인터넷이 급속도로 확산된 요인 중 하나가 음란물을 이용하기 위해서였다고 합니다. 컴퓨터 앞에 앉아 자신의 신분을 드러내지 않고 음란물을 접할 수 있는 시대가 되었습니다. 자신을 드러내지 않으면서도 자기 욕심을 채우는 것입니다.

이렇듯 현대는 자신이 책임져야 할 부분에서 자신을 숨기는 얼굴 없는 사회가 되어가고 있습니다. 자신을 드러내지 않으면서 자신의 욕망을 은밀히 채우는 비겁한 시대가 되었습니다. 하지만 이런 사람들이 많을수록 우리 사회는 병들고 미래가 불안해집니다. 희망을 찾기가 어렵습니다.

그러나 그리스도인은 성숙한 자각을 하는 사람입니다. 자기 자신에 대한 자각, 성숙한 자각을 해야 합니다. 그래야 지도자의 길이 시작됩니다. '내가 이래서는 안 되지. 이런 일은 이렇게 해야 지도자로서 부족함이 없지' 하면서 책임지는 자세와 성숙한 자각은 성숙한 삶의 출발점이 됩니다.

하나님께서는 우리의 어깨 위에 중요한 사명을 주셨습니다. 그런데 우리는 그것을 짊어지기가 싫어서 자신을 숨기고 있습니다. 군중 가운데 얼굴 없는 사람인양 반응하고 있습니다. 그러나 그것은 하나님의 사명을 받은 우리가 할 일이 아닙니다. 우리는 주님의 일꾼입니다. 우리가 주님의 일꾼이라는 사실을 세상에 드러내고 자신의 행동에 책임질 줄 알아야 합니다. 그때 우리는 비로소 아름다운 열매를 맺으며 이 땅에 거룩한 영향력을 남길 것입니다.

하나님이 택하신 지도자

그렇다면 하나님이 선택하신 지도자는 어떤 모습이어야 할까요? 느헤미야를 통해서 책임지는 리더십의 원리를 알아보려고 합니다. 느헤미야는 예루살렘이 바벨론에 의해 무너지고 나서 약 100년 후의 사람입니다. 나라는 망했고 백성들은 바벨론 포로로 끌려갔습니다. 나라를 잃고 다른 나라로 끌려가 100여 년이 지났다면 그들의 말과 정신과 문화가 어찌 되었겠습니까. 그들의 2세, 3세는 자신들의 신앙, 역사, 말, 문화도 다 잊은 채 거대한 제국 안에서 보잘것없는 소수 민족으로 살아갔습니다.

바로 그때 하나님께서 개입하셨습니다. 하나님은 새로운 제국 바사(페르시아)를 일으켜 바벨론을 점령하고, 바사의 고레스왕을 통해 바벨론 포로로 잡혀간 유다 백성들이 70년 만에 조국 땅으로 돌아가게 되었습니다. 그리고 귀환이 허용된 지 약 80년 뒤에 느헤미야가 등장해서 예루살렘의 성벽을 쌓아 공동체의 안전을 도모하고, 종교 개혁을 단행하는 등 이스라엘에 새 역사를 열었습니다.

1. 눈물 흘리는 지도자

바사의 수산 궁에 거하던 느헤미야가 예루살렘에 있는 사람을 통해서 유다와 예루살렘의 형편을 알아보았습니다.

그들이 내게 이르되 사로잡힘을 면하고 남아 있는 자들이 그 지방
거기에서 큰 환난을 당하고 능욕을 받으며 예루살렘 성은 허물어
지고 성문들은 불탔다 하는지라 내가 이 말을 듣고 앉아서 울고
수일 동안 슬퍼하며… 느 1:3,4

동포들이 큰 환난과 모욕을 당하고 예루살렘 성이 허물어졌
다는 소식을 들었습니다. 느헤미야는 그 소식을 듣고 며칠 동안
울었습니다. 느헤미야에게는 조국에 대한 뜨거운 사랑이 있었습
니다. 다른 사람들도 예루살렘의 형편을 모르지 않았습니다. 그
러나 그만큼 관심이 없었습니다. 우국충정이 없었습니다. 느헤
미야의 애정 어린 눈물은 그로 하여금 뭔가 하게 했습니다. 무너
진 성벽을 재건하는 일에 나서기로 한 것입니다.

최근에 울어본 것이 언제입니까? 무엇 때문에 울었습니까? 무
엇이 가슴을 아프게 하고 어떤 가슴 아픈 사연이 눈물의 기도를
하게 했습니까? 우리는 조국을 위해 울 줄 알아야 합니다. 동족
의 어려움에 가슴 저미는 슬픔을 느낄 줄 알아야 합니다.

나라를 위해서 눈물을 흘린다는 것은 나라를 위해 희생하고
헌신한다는 뜻입니다. 우리는 조국의 부끄럽고 추악한 모습에
침을 뱉을 것이 아니라 울며 기도할 줄 알아야 합니다. 조국의
부끄러운 모습을 끌어안고 울 수 있는 사람이 큰 인물입니다.

민족시인 이육사를 기억할 것입니다. 그는 일제의 압제 속에

서 우리 민족의 정신을 지키려다가 숨진 우국지사입니다. 이육사의 시 〈광야〉의 마지막 구절이 어렴풋이 기억납니다. "이 광야에서 목 놓아 부르게 하리라." 그는 빼앗긴 조국을 '광야'에 빗대어 표현했습니다. 조국을 독립시키고 부흥시킬 우국지사들이 나타나 조국을 위해 목 놓아 부르게 하리라는 꿈입니다.

저라면 과연 무엇을 목 놓아 부를까 생각해보았습니다. 조국의 번영을 위해서도 목 놓아 부를 수 있겠지만, 지금은 조국의 현실을 생각하며 목 놓아 울어야 할 것 같습니다.

예수님도 나라의 장래를 생각하며 우셨습니다.

> 가까이 오사 성을 보시고 우시며 … 날이 이를지라 네 원수들이 토둔을 쌓고 너를 둘러 사면으로 가두고 또 너와 및 그 가운데 있는 네 자식들을 땅에 메어치며 돌 하나도 돌 위에 남기지 아니하리니 이는 네가 보살핌받는 날을 알지 못함을 인함이니라 하시니라
>
> 눅 19:41-44

참된 신앙인은 자신의 나라를 사랑합니다. 위대한 지도자는 나라를 위해 눈물을 흘리고 조국을 위해 희생합니다. 지금 우리 나라에 필요한 것이 무엇입니까? 누구나 할 수 있는 비난이 아니라 여러분의 뜨거운 관심과 눈물입니다.

2. 기도하는 지도자

느헤미야는 조국의 현실에 먼저 눈물로 반응했습니다. 그리고 자신이 조국을 위해서 어떤 일을 해야겠다고 계획하기 전에 기도했습니다. 하나님 앞에 금식하며 기도했습니다.

…하늘의 하나님 앞에 금식하며 기도하여 이르되 하늘의 하나님 여호와 크고 두려우신 하나님이여 주를 사랑하고 주의 계명을 지키는 자에게 언약을 지키시며 긍휼을 베푸시는 주여 간구하나이다 느 1:4b,5

느헤미야만 기도 제목이 있습니까? 느헤미야만 기도할 거리가 있습니까? 여러분은 구하지 않는 자에게 무엇을 준 적이 있습니까? 찾지도 않는 자에게 뭔가 찾도록 도와준 적이 있습니까? 문을 두드리지도 않는 사람에게 문을 열어준 적이 있습니까?
예수님은 분명히 말씀하셨습니다.

내가 또 너희에게 이르노니 구하라 그러면 너희에게 주실 것이요 찾으라 그러면 찾아낼 것이요 문을 두드리라 그러면 너희에게 열릴 것이니 구하는 이마다 받을 것이요 찾는 이는 찾아낼 것이요 두드리는 이에게는 열릴 것이니라 눅 11:9,10

우리의 필요를 하나님께 아뢰십시오. 느헤미야처럼 부르짖어 기도하십시오. 내 문제에만 골몰하지 말고 나라를 위해서, 내가 사는 지역을 위해서, 주변 이웃들을 위해서 기도하십시오. 전 세계에 복음을 전하는 선교사님들을 위해서 기도하십시오. 고통 속에 허덕이는 사람들을 위해서 기도하십시오. 이렇게 기도할 때 우리의 생각이 자라고, 우리의 세계관이 넓어지고, 우리 또한 세상에 힘 있는 참여자가 될 것입니다.

뉴욕 빈민가에서 교회를 시작해 큰 부흥으로 이끈 짐 심발라 목사는 "우리에게 정말 부족한 것은 하나님께서 하늘을 여시고 그분의 능력을 보여주실 때까지 그분께 부르짖는 열정이다"라고 말했습니다. 우리는 하나님께 부르짖는 열정을 회복해야 합니다. 하나님의 능력을 기대하면서 간절히 부르짖어야 합니다.

여러분은 알고 있습니까? 우리가 기도하는 만큼 우리의 됨됨이가 결정됩니다. 자기 문제만 놓고 기도하는 사람은 그릇이 작은 사람입니다. 이웃의 문제를 놓고 기도하는 사람은 넉넉한 사람입니다. 원수를 위해 기도하는 사람은 위대한 사람입니다. 무엇보다 하나님께 쓰임받는 지도자는 기도의 사람입니다. 매사에 하나님께 기도함으로 큰 인물이 되고, 위대한 지도자로 하나님께 쓰임받는 사람이 되어야 합니다.

3. 책임지는 지도자

나라가 멸망한 지 이미 140년이 훨씬 지난 시점입니다. 나라가 망한 것은 느헤미야의 책임이 아닙니다. 조상들의 잘못입니다. 나라가 망한 것에 대해서 조상 탓을 해도 됩니다. 그런데 느헤미야는 조상 탓을 하지 않았습니다.

이제 종이 주의 종들인 이스라엘 자손을 위하여 주야로 기도하오며 우리 이스라엘 자손이 주께 범죄한 죄들을 자복하오니 주는 귀를 기울이시며 눈을 여시사 종의 기도를 들으시옵소서 나와 내 아버지의 집이 범죄하여 주를 향하여 크게 악을 행하여 주께서 주의 종 모세에게 명령하신 계명과 율례와 규례를 지키지 아니하였나이다 느 1:6,7

느헤미야는 나와 내 아버지의 집이 범죄했다고 고백했습니다. 지도자로서 책임지는 자세가 돋보입니다. 존경받는 지도자는 책임을 지는 사람입니다.

요셉도 그랬습니다. 요셉은 형들의 미움을 받아 애굽에 노예로 팔려갔습니다. 그런데 후에 애굽의 실력자가 되었습니다. 요셉을 팔아버린 형들은 자신들이 요셉에게 저지른 범죄는 까맣게 잊고 요셉 앞에 곡식을 사러왔습니다. 요셉은 형들을 응징하고 복수할 권력이 있었지만, 그 권력을 사용하지 않았습니다. 오히려 형들과 가족을 살리고 그들의 미래를 책임졌습니다. 이것이 요셉의 위대한 점입니다. 높은 지위가 아니라 책임지는 자세가 위대한 것입니다.

지도자 모세는 불순종하는 이스라엘 백성 때문에 힘들 때가 많았습니다. 아무리 놀라운 기적을 베풀어 하나님의 능력을 보여줘도 백성들은 금세 자기 편할 데로 배반했습니다. 그들이 우상을 만들어 하나님께 징벌을 받게 되었을 때도 모세는 도리어 하나님께 그들을 구하고 자신은 버려달라고 기도했습니다.

모세가 여호와께로 다시 나아가 여짜오되 슬프도소이다 이 백성이 자기들을 위하여 금신을 만들었사오니 큰 죄를 범하였나이다 그러나 이제 그들의 죄를 사하시옵소서 그렇지 아니하시오면 원하건대 주께서 기록하신 책에서 내 이름을 지워버려주옵소서
출 32:31,32

위대한 선교사 스탠리 존스는 "하나님은 우리가 해답을 찾기만 하는 것을 원하시지 않는다. 그분은 우리 자신이 해답이 되기를 원하신다"라고 말했습니다. 내가 해답이 된다는 것이 무슨 뜻입니까? 그것은 내가 책임을 진다는 뜻입니다. 내가 더 많이 헌신하겠다는 의미입니다.

느헤미야는 하나님께 기도할 때 자신들의 역사 가운데 있던 중요한 가르침을 근거로 하나님께 간구했습니다.

옛적에 주께서 주의 종 모세에게 명령하여 이르시되 만일 너희가 범죄하면 내가 너희를 여러 나라 가운데에 흩을 것이요 만일 내게로 돌아와 내 계명을 지켜 행하면 너희 쫓긴 자가 하늘 끝에 있을지라도 내가 거기서부터 그들을 모아 내 이름을 두려고 택한 곳에 돌아오게 하리라 하신 말씀을 이제 청하건대 기억하옵소서 느 1:8,9

그는 유다 멸망 후 약 140년이 흘렀는데도 자국의 언어와 역사와 신앙에 조예가 깊었습니다. 느헤미야는 포로 생활을 하면서도 모국어와 역사를 공부했습니다. 무엇보다 조상들의 신앙을 배웠습니다. 지도자에게는 이 같은 지식이 있어야 합니다. 바른 지식을 바탕으로 위기를 극복하고 미래를 설계해야 하기 때문입니다.

우리가 무슨 일을 하려면 먼저 그 분야에 관한 지식이 있어야 합니다. 해당 분야의 지식이 없으면 전문가가 될 수 없습니다. 영향력 있는 사람이 될 수도 없습니다. 우리는 꼭 필요한 지도자가 되기 위해서 지식을 쌓아야 합니다. 그러나 이것은 단지 지식의 습득만을 의미하지 않습니다. 지식의 습득은 물론이요, 습득한 지식으로 미지의 세계로 나아가게 하고, 풀지 못했던 문제를 풀게 하는 능력을 갖추는 것을 말합니다.

해당 분야의 전문가가 되십시오. 그러기 위해서는 평생 학습자가 되어야 합니다. 책을 많이 읽고 글 쓰는 능력을 길러보십시오. 다른 사람들은 어떻게 지식을 습득하는지 살펴보고, 자기 나름의 학습법을 개발해보십시오. 시대의 흐름을 알기 위해 국내외 정세를 볼 수 있는 안목을 키우고, 분명한 철학과 세계관도 가지고 있어야 합니다.

그러나 그 무엇보다 중요한 지식은 '그리스도를 아는 것'입니다. 다른 것은 다 몰라도 우리는 예수님을 분명히 알아야 합니다. 예수님이 우리의 생명이기 때문입니다.

영생은 곧 유일하신 참 하나님과 그가 보내신 자 예수 그리스도를 아는 것이니이다 요 17:3

사도 바울도 세상 사람들이 자랑하던 모든 것을 버리고 오직 예수님만 알기로 했습니다.

모든 것을 해(害)로 여김은 내 주 그리스도 예수를 아는 지식이 가장 고상하기 때문이라 내가 그를 위하여 모든 것을 잃어버리고 배설물로 여김은 그리스도를 얻고 빌 3:8

그리스도를 아는 지식이 우리를 구원에 이르게 합니다. 구원을 받아 영원한 생명을 얻는 길은 하나님을 알고 예수 그리스도를 아는 것입니다. 나아가 예수님을 안다는 것은 단순히 지식의 문제가 아닙니다. 우리가 온 마음과 정성을 다해 예수님이 기뻐하시는 일에 집중하는 것입니다. 예수님의 마음을 헤아려 주님이 싫어하시는 것은 하지 않고, 주님이 기뻐하시는 일을 하는 것, 이것이 그리스도를 아는 것입니다.

5. 헌신하는 지도자

당시 느헤미야는 왕의 술 관원이었습니다. 오늘날로 치면 대통령 비서실장 정도 되는 높은 직위였습니다. 권력의 실세로 호의호식하며 사람들로부터 크고 작은 청탁을 받는 자리에 있었습니다. 얼마든지 그 자리에서 부귀영화를 누릴 수도 있었습니다. 하지만 느헤미야가 무엇을 구합니까?

주여 구하오니 귀를 기울이사 종의 기도와 주의 이름을 경외하기를 기뻐하는 종들의 기도를 들으시고 오늘 종이 형통하여 이 사람들 앞에서 은혜를 입게 하옵소서 하였나니 그때에 내가 왕의 술 관원이 되었느니라 느 1:11

"이 사람들 앞에서 은혜를 입게 하옵소서"라는 기도의 구체적인 내용은 전후문맥을 살펴보면 느헤미야가 왕궁의 권세 있는 자리를 떠나 황폐한 예루살렘의 총독으로 가겠다는 것입니다. 왕실의 권력과 안락한 삶을 포기하고 무너진 성벽, 폐허가 된 공동체를 재건하는 데 헌신하겠다는 결단입니다.

지도자의 헌신이자 자기희생입니다. 역사적으로도 느헤미야의 헌신으로 유대인들의 정체성을 지킬 수 있었고, 유대의 역사와 종교를 지켜서 유대교와 그 후 기독교가 태동할 수 있는 기반을 닦았습니다.

영적 지도자들의 수고와 헌신은 참으로 힘들고 고달픈 것입니다. 지도자는 무엇보다 대의를 따르고 바른 모범이 되어야 합니다. 지도자의 말과 행실은 공동체 구성원에게 큰 영향을 미칩니다. 따라서 공동체의 발전을 원하는 지도자는 솔선수범해서 전체의 발전을 이끌어가야 합니다.

여러분은 교회에 어떤 영향을 끼치고 있습니까? 교회에 도움이 되고 있습니까? 선한 영향력을 발휘하고 있습니까? 우리의 헌신과 수고가 공동체에 큰 복을 가져올 것입니다.

얼마 전에 교회에서 일대일제자양육을 받은 어느 집사님이 자신에게 거룩한 영향력을 끼친 양육자에게 고마움을 전했다는 이야기를 들었습니다. 이분은 양육을 받다가 몇 차례 포기하려고 했는데, 양육자 장로님이 옆에서 포기하지 말라고 계속해서 사랑으로 권면하고 섬겨주신 덕분에 양육을 마칠 수 있었다고 합니다. 자신을 양육해주신 장로님이 "제자양육은 양육자가 동반자를 가르치는 것이 아니고, 양육자도 동반자를 통해서 배우고 성장하는 과정이며 무엇보다 함께 삶을 나누는 것"이라고 하시며 많은 위로를 해주셨다는 것입니다.

양육자 장로님은 양육을 통해서 성경 지식을 전달하려고 하지 않았습니다. 오히려 자신이 신앙적으로 성장하기를 바라는 간절한 마음으로 끝까지 동반자를 격려해주었습니다. 그러자 동반자는 양육자를 통해 양육을 받으며 큰 사랑을 받았고, 큰 감동을 받은 집사님은 자신도 그런 사랑과 격려를 나누는 양육자가 되겠다고 다짐했습니다. 한 사람의 아름다운 헌신이 다른 한 사람의 삶에 거룩한 영향을 끼쳤습니다.

거룩한 일에는 언제나 헌신이 필요합니다. 이 세상에 감동적이고 가치 있는 일치고 거룩한 땀방울과 헌신이 들어가지 않은 것이 없음을 알아야 합니다.

하나님은 지금 이 시대의 느헤미야를 찾고 계십니다. 여러분의 마음이 불같이 뜨겁습니까? 이 땅의 조국을 위해, 세상의 잃어버린 수많은 영혼들 때문에 눈물의 기도를 드리고 있습니까? 내 탓이라고 회개하며 그것을 개선하기 위해 작은 일부터 정성을 기울이고 있습니까? 세상 지식에 압도되지 않는 거룩한 지식을 쌓고 있습니까? 하나님의 사람으로서 하나님의 일에 목숨을 걸고 있습니까? 그렇다면 바로 여러분이 하나님께서 찾으시는 오늘의 느헤미야입니다.

책임지는 지도자 느헤미야

느헤미야는 조국의 현실 때문에 눈물을 흘리고 하나님께 부르짖는 지도자였다. 나라의 멸망을 두고 조상 탓을 하지 않고 자신이 책임져야 할 일로 여기며 무너진 성벽을 재건하는 일에 헌신했다. 하나님은 이렇듯 기꺼이 희생을 감수하고 책임지는 사람들에게 하나님의 나라를 맡기신다.

8 다니엘은 뜻을 정하여 왕의 음식과 그가 마시는 포도주로 자기를 더럽히지 아니하리라 하고 자기를 더럽히지 아니하도록 환관장에게 구하니 9 하나님이 다니엘로 하여금 환관장에게 은혜와 긍휼을 얻게 하신지라 10 환관장이 다니엘에게 이르되 내가 내 주 왕을 두려워하노라 그가 너희 먹을 것과 너희 마실 것을 지정하셨거늘 너희의 얼굴이 초췌하여 같은 또래의 소년들만 못한 것을 그가 보게 할 것이 무엇이냐 그렇게 되면 너희 때문에 내 머리가 왕 앞에서 위태롭게 되리라 하니라 11 환관장이 다니엘과 하나냐와 미사엘과 아사랴를 감독하게 한 자에게 다니엘이 말하되 12 청하오니 당신의 종들을 열흘 동안 시험하여 채식을 주어 먹게 하고 물을 주어 마시게 한 후에 13 당신 앞에서 우리의 얼굴과 왕의 음식을 먹는 소년들의 얼굴을 비교하여 보아서 당신이 보는 대로 종들에게 행하소서 하매 14 그가 그들의 말을 따라 열흘 동안 시험하더니 15 열흘 후에 그들의 얼굴이 더욱 아름답고 살이 더욱 윤택하여 왕의 음식을 먹는 다른 소년들보다 더 좋아 보인지라 16 그리하여 감독하는 자가 그들에게 지정된 음식과 마실 포도주를 제하고 채식을 주니라 17 하나님이 이 네 소년에게 학문을 주시고 모든 서적을 깨닫게 하시고 지혜를 주셨으니 다니엘은 또 모든 환상과 꿈을 깨달아 알더라

07

쉬운 길이 아니라
바른 길을 택한다

_____ **암흑기에 빛나는 별**

사람은 누구나 시대 상황에 영향을 받습니다. 하지만 자신이 사는 시대를 선택할 수는 없습니다. 전쟁을 원하는 사람이 누가 있겠습니까? 1950년대 초 한국에 살던 사람들은 6·25 전쟁을 겪었습니다. 수많은 사람들이 죽고 가족의 생사도 알지 못한 채 뿔뿔이 흩어졌습니다. 그런 큰 고통을 겪은 사람들은 사람의 운명이 역사적 상황 앞에서 미약하다는 것을 알게 됩니다. 하지만 그런 어려운 상황 가운데서도 살아가야 하는 것입니다. 우리는 자신에게 주어진 단 한 번의 인생을 소중하고 가치 있게 살아내야 합니다.

그 옛날 이스라엘의 다니엘이란 젊은이가 살던 시대가 그랬습니다. 나라는 멸망했고 주권을 잃은 백성들은 전쟁 포로가 되었습니다. 그들에게 자유는 꿈에서나 누릴 호사였습니다. 그들에게는 미래도, 소망도 없었습니다. 살아야 할 이유가 보이지 않는 절망적인 인생이었습니다. 하지만 다니엘은 역사의 암흑기에도 빛나는 삶을 살았습니다. 앞서 잠시 살펴본 것처럼 다니엘은 그 시대에 하나님을 믿는 자로서의 정체성을 지켰습니다. 어둠이 짙을수록 빛은 더욱 빛나듯이 어렵고 힘든 시절에 아름다운 빛을 비추는 그 시대의 별이 되었습니다. 우리 역시 한숨과 절망이 뒤섞인 고통의 순간에 하나님을 믿고 따르면 별처럼 빛나는 인생이 됩니다.

하나님의 영광을 위한 삶

유다를 침략한 바벨론은 왕과 귀족들을 포로로 붙잡아갔는데, 이때 다니엘도 포로로 끌려갔습니다. 다니엘은 바벨론 왕궁에서 바벨론 식민 통치를 돕기 위한 인재로 교육을 받았습니다. 바벨론은 자신들이 정복한 나라의 인재들을 등용하여 그 지역을 자신들의 영향권 아래 계속 두려고 한 것입니다.

그래서 바벨론 왕궁에는 그들로부터 멸망당한 많은 나라의 귀족 영재들이 모여 교육을 받았습니다. 비록 나라는 망했지만 여러 나라 인재들이 모였으니 서로 1등을 하려고 아등바등했을 것입니다. 다니엘과 그의 친구들도 수많은 인재들 틈에서 힘겨운 경쟁을 벌이고 있었습니다.

그렇다면 바벨론 왕실이 제공해주는 음식을 잘 먹고, 건강을 챙기고, 명석한 머리로 출세를 위한 경쟁에 최선을 다하는 것이 마땅합니다. 그런데 다니엘은 뜻을 정했습니다. 왕의 음식과 그가 마시는 포도주로 자신을 더럽히지 않겠다는 뜻을 정했습니다(단 1:8).

그러나 이것은 목숨이 걸린 문제입니다. 포로 주제에 바벨론 왕이 주는 음식을 마다한다는 것은 목숨을 잃을 수 있는 반역입니다. 하지만 다니엘은 하나님께 영광을 돌리는 삶을 살기 위해서 목숨을 내건 각오를 했습니다.

이것을 또 다른 측면에서 생각해볼 수 있습니다. 왕의 음식과 왕이 마시는 포도주는 아무나 먹을 수 있는 것이 아닙니다. 소수의 선택된 사람들만이 누릴 수 있는 특권입니다. 그래서 왕의 음식은 부귀, 출세, 성공, 명예의 다른 이름입니다. 그렇다면 그것은 누구나 먹고 싶고, 누구나 누리고 싶어 하는 것입니다. 하지만 다니엘은 그것을 먹으려고 하지 않았습니다. 왜입니까? 그 음식을 먹는다면 그것은 자신의 몸을 더럽히는 것이기 때문입니다. 그래서 다니엘은 다른 사람들이 모두 선망하는 음식, 그 음식에 담긴 출세와 성공까지 마다한 것입니다.

하나님의 영광을 위해서 산다는 것은 그리 쉬운 일이 아닙니다. 내 이익을 포기해야 할 때가 많습니다. 편안하고 물질적으로 잘사는 것이 중요한 것이 아닙니다. 하나님의 말씀에 따라 바르게 사는 것이 더 중요합니다. 세상의 가치를 버리고 하늘의 가치를 선택하는 것입니다. 하나님을 위해서 무엇을 버렸습니까? 하나님나라를 위해서 손해를 본 일이 있습니까?

하나님의 영광을 위해서 사는 것이 더 값지고, 더 귀하고, 영원한 것입니다. "그런즉 너희가 먹든지 마시든지 무엇을 하든지 다 하나님의 영광을 위하여 하라"(고전 10:31).

여러분의 삶을 하나님의 영광을 위한 일에 투자하십시오. 그러면 하나님께서 여러분의 인생을 책임지고 위대한 작품으로 만들어주실 것입니다. 저는 많은 신앙인들이 하나님의 영광을 위해서 자신의 삶을 투자하는 모습을 보고 싶습니다. 그리고 그렇게 헌신한 자들에게 하나님께서 놀라운 복과 은혜를 물 붓듯이 쏟아 부어주시는 광경을 목도하고 싶습니다. 바른 삶, 바른 가치를 지키는 것이 참된 신앙인입니다.

쉬운 길이 아닌 바른 길

다니엘 앞에는 쉬운 길이 있었습니다. 그러나 그는 쉬운 길로 가지 않았습니다. 왕의 궁정에서 교육을 받고 왕의 신임을 받는 관료가 되기 위해서는 왕실의 규례를 따라야 합니다. 그런데 규례를 따르려고 하니까 하나님을 믿는 신앙에 위배가 됩니다. 하나님을 믿는 신앙을 고집하는 것은 높은 자리는 고사하고 목숨을 내놓아야 하는 일입니다. 참으로 어렵고 난감합니다. 그래서 이 지점에 이르면 누구나 타협을 합니다. 그러나 다니엘은 타협하지 않았습니다. 쉬운 길이 아니라 바른 길을 갔습니다. 어떤 위협이 있더라도 바른 길을 걷겠다고 결정한 것입니다.

미국 캔자스시티에서 있었던 일입니다. 사라 달링은 구걸하는 노숙자 빌리를 보고 안타까운 마음이 들어 자신의 동전 지갑을 열어 다 쏟아주었습니다. 그런데 집에 돌아온 사라는 자신이 엄청난 실수를 저지른 사실을 깨달았습니다. 지갑 안에 있던 약혼 반지까지 깜빡하고 모두 털어준 것입니다. 당황한 사라는 빌리가 있던 곳으로 황급히 갔지만 그는 보이지 않았습니다.

노숙자 빌리는 동전을 세다가 반지를 발견하고는 보석 가게에서 감정을 의뢰하던 중이었습니다. 보석 가게 주인은 4천 달러를 줄 테니 자기에게 반지를 팔라고 했습니다. 빌리는 깜짝 놀랐습니다. 반지가 진짜 보석일 줄은 몰랐기 때문입니다. 그 돈이면 당장 힘든 노숙자 생활을 면할 수 있었습니다. 하지만 마음에 갈등이 생겼습니다.

'그 여인이 내게 선을 베풀었는데, 이 반지는 돌려주는 것이 마땅하지.'

빌리는 반지를 팔지 않고 돌아왔습니다.

다음 날 사라가 다시 찾아갔을 때, 빌리를 만날 수 있었습니다. 빌리는 사라에게 반지를 건넸습니다. 사라와 남자 친구는 정직한 빌리에게 감동을 받았고, 더 깊은 대화를 통해서 빌리의 아픔을 이해하게 되었습니다. 그리고 빌리를 돕기 위한 모금 활동을 시작했습니다.

이 감동적인 사연이 화제가 되어 사람들의 마음을 울렸고, 얼마 되지 않아서 한화로 2억 3천만 원이 넘는 거금이 모였습니다. 빌리는 그 돈으로 새로운 삶을 시작할 수 있게 되었습니다. 그뿐만이 아닙니다. 이 이야기가 세상에 알려지면서 빌리는 16년 동안 소식을 알 수 없던 형제들을 다시 만나게 되었습니다.

만일 노숙자 빌리가 당장의 이익을 위해서 반지를 팔았다면 그에게는 4천 달러가 생겼을 것입니다. 하지만 선의를 저버린 죄책감이 그를 항상 따라다녔을 것입니다. 빌리는 쉬운 길이 아니라 바른 길을 택했습니다. 반지를 주인에게 돌려줌으로써 자신의 인격을 지켰습니다. 자신의 아픔을 공감해주는 사라라는 친구를 얻었습니다. 그리고 그의 선행에 감동해서 그를 후원한 수많은 사람들의 지지와 몇 배의 후원금을 얻었습니다. 그는 자신이 한 것 이상으로 큰 보상을 받았습니다.

그런즉 사랑하는 자들아 이 약속을 가진 우리는 하나님을 두려워하는 가운데서 거룩함을 온전히 이루어 육과 영의 온갖 더러운 것

에서 자신을 깨끗하게 하자 고후 7:1

거룩함을 이루고 온갖 더러운 것에서 자신을 깨끗하게 한다는 것은 다른 말로 하면 바른 삶을 살겠다는 뜻입니다. 바른 삶을 사는 것으로 거룩함을 이루어가는 것입니다.

저는 이 땅의 다니엘들을 바라봅니다. 쉬운 길이 아니라 하나님께서 기뻐하시는 바른 길을 걷겠다고 다짐하는 여러분을 바라보고 있습니다.

주님을 끝까지 붙드는 지혜

다니엘은 하나님의 영광을 제일가는 삶의 원리로 삼았고 그것을 지키기로 했습니다. 자신의 뜻이 숭고하다고 해서 사람들이 자신을 그렇게 대우해줄 거라고는 생각하지 않았습니다. 다니엘은 환관장이 납득할 수 있도록 제안했습니다.

청하오니 당신의 종들을 열흘 동안 시험하여 채식을 주어 먹게 하고 물을 주어 마시게 한 후에 당신 앞에서 우리의 얼굴과 왕의 음식을 먹는 소년들의 얼굴을 비교하여 보아서 당신이 보는 대로 종들에게 행하소서 하매 단 1:12,13

환관장에게 딱 10일만 시험해보자고 제안했습니다. 자신과 친구들은 왕의 진미 대신 채소와 물만 먹겠다고 했습니다. 그런 후에 왕의 음식을 먹은 자들과 자신들을 비교해보고 자신들에게 문제가 생기면 환관장의 명령을 따르겠다고 했습니다. 다니엘의 지혜로운 처신에 환관장은 그 제안을 받아들였습니다. 그리고 10일을 시험해보았습니다. 놀랍게도 다니엘과 친구들의 얼굴이 더욱 아름답고 살이 윤택하여 왕의 진미를 먹은 소년들보다 훨씬 나아 보였습니다. 환관장은 그들에게 왕의 진미 대신 채소를 먹도록 허락해주었습니다. 다니엘과 친구들은 자신의 몸을 더럽히지 않고 신앙을 지킬 수 있게 되었습니다.

지혜는 지식과는 다릅니다. 지식이 어떤 것에 대한 바른 정보를 말한다면, 지혜는 지식을 활용할 수 있는 기술이며 통찰력입니다. 그래서 지혜는 지식보다 한 차원 높은 것입니다. 지혜는 인생을 밝히는 등불입니다. "지혜를 버리지 말라 그가 너를 보호하리라 그를 사랑하라 그가 너를 지키리라"(잠 4:6).

이것이 지혜의 힘입니다. 지혜를 잘 활용하면 우리가 영화롭게 됩니다(잠 4:8). 우리는 하나님의 일을 하는 데 있어서 더욱 신중하고 지혜로워야 합니다. 예수님도 주님의 사역을 감당할 제자들에게 이렇게 말씀하셨습니다.

보라 내가 너희를 보냄이 양을 이리 가운데로 보냄과 같도다 그러

므로 너희는 뱀같이 지혜롭고 비둘기같이 순결하라 마 10:16

그렇다면 최고의 지혜는 무엇일까요? 토마스 아 켐피스는 이렇게 말했습니다. "예수님을 끝까지 굳게 붙드는 것을 아는 것이 지혜의 극치다." 예수님을 끝까지 붙드는 것, 그것이 최고의 지혜라고 합니다. 자신에게 지혜가 부족하다는 생각이 들면 하나님께 지혜를 달라고 기도해야 합니다. "너희 중에 누구든지 지혜가 부족하거든 모든 사람에게 후히 주시고 꾸짖지 아니하시는 하나님께 구하라 그리하면 주시리라"(약 1:5).

하나님께 지혜를 구하십시오. 그리고 지혜롭게 행동하십시오. 여러분의 말과 행동이 예수님의 제자로서 손색이 없어야 합니다.

거룩한 소그룹의 힘

다니엘이 어렵고 힘들 때 신앙을 지킬 수 있도록 도운 사람들이 있었습니다. 바로 다니엘의 세 친구들입니다. 그들은 왕의 신상 앞에 절하지 않아서 맹렬히 타는 풀무불에 던져지기도 했습니다(단 3:21). 신앙적으로 다니엘과 다르지 않았습니다. 다니엘은 타국에 포로로 끌려온 신세였지만 믿음의 친구들이 있어서 외롭지 않았습니다. 하나님의 율법을 함께 토론하고, 목숨을 걸고 함께 신앙을 지키고, 위기를 기도로 함께 극복해갔습니다. 거룩한 공동체가 그들을 지탱해주는 힘이 되어주었습니다.

소그룹의 영적 원리는 삼위일체 하나님으로부터 시작됩니다.

하나님이 나사렛 예수에게 성령과 능력을 기름 붓듯 하셨으매 그가 두루 다니시며 선한 일을 행하시고 마귀에게 눌린 모든 사람을 고치셨으니 이는 하나님이 함께하셨음이라 행 10:38

하나님이 예수님에게 성령을 주셨습니다. 예수님이 행하신 모든 일은 하나님과 성령님이 동역하신 일입니다. 예수님은 하나님과 성령님과 함께 창조 사역에 동참했습니다. 예수님의 성육신도 하나님과 성령님의 참여 속에 이루어졌습니다. 예수님이 십자가에 달려 인류의 죄를 대속하신 일에도 하나님과 성령님이 함께하셨습니다. 예수님의 재림도, 하나님나라에서의 영원한 통치도, 예수님은 하나님과 성령님과 함께하실 것입니다.

교회에서도 소그룹 모임이 더욱 활성화되어야 합니다. 구역이나 제직회 부서들이 거룩한 소그룹입니다. 소그룹을 통해서 교인들이 깊은 영적 교제를 나누고 사랑을 나누고 말씀을 나누며 어떤 상황에서도 믿음의 가치를 지켜내는 힘을 얻어야 합니다.

한번은 주일 오후예배 때 모범 구역의 사례를 발표했습니다. 그때 많은 분들이 은혜와 도전을 받았습니다. 그런 소그룹이 많아져야 합니다. 그래서 교인 모두가 교회에 소속감을 가지고 하나님의 말씀으로 서로 격려하면서 하나님이 교회에 주신 사명을 이루어가야 합니다.

혹시 그들이 넘어지면 하나가 그 동무를 붙들어 일으키려니와 홀로 있어 넘어지고 붙들어 일으킬 자가 없는 자에게는 화가 있으리라 또 두 사람이 함께 누우면 따뜻하거니와 한 사람이면 어찌 따뜻하랴 한 사람이면 패하겠거니와 두 사람이면 맞설 수 있나니 세 겹 줄은 쉽게 끊어지지 아니하느니라 전 4:10-12

거룩한 소그룹은 어렵고 힘든 일을 만날 때 큰 도움과 위로를 줍니다. 함께 정서적 공감을 이룰 뿐 아니라 생명을 지켜주는 관계가 됩니다.

미래를 위한 바른 선택

"순간의 선택이 10년을 좌우합니다."

한때 유명했던 광고 문구입니다. 오래 쓸 가전제품이니까 잘 선택하라는 뜻입니다. 가전제품 하나를 사더라도 잘 선택해야 하는데, 하물며 우리의 인생은 어떻겠습니까? 인생은 그야말로 선택의 연속입니다. 우리는 매일 많은 것 중에서 어떤 것을 선택합니다. 그 선택이 우리의 미래를 결정하고, 우리의 운명을 결정합니다. 오늘 나의 모습은 과거에 내가 했던 선택의 결과입니다. 또 내일의 나는 오늘 내가 한 선택의 결과일 것입니다. 어떤 선택이든 섣불리 할 일이 아닙니다. 신중하게 판단하고 최선의 것을 택해야 합니다.

선택이 우리의 미래를 결정지을 만큼 중요한데 우리는 어떤 선택을 합니까? 쉽고 편한 일을 선택합니까? 아니면 어렵고 가치 있는 일을 선택합니까? 사람은 대개 쉽고 편안한 일을 선택하려고 합니다. 그러나 그것은 자신을 망치는 길입니다. "게으른 자의 욕망이 자기를 죽이나니 이는 자기의 손으로 일하기를 싫어함이니라"(잠 21:25).

따라서 우리는 고통스럽더라도 복된 미래를 위한 선택을 해야 합니다. 매 순간의 선택이 우리의 운명을 결정한다는 사실을 명심하고 선택할 때마다 가치 있는 일, 의미 있는 일, 풍성한 미래를 위한 일을 택하겠다는 결심을 하기 바랍니다.

그러나 무엇보다 중요한 것은 하나님을 택하는 것입니다. 오직 여호와 하나님만 섬기기로 결심했습니까? 오직 예수 그리스도만 믿고 의지하기로 작정했습니까? 우리는 항상 하나님만 섬기고 예수님만 섬기겠다고 다짐하지만 언제나 자신의 이익에 따라 움직입니다. 그러나 우리는 진정 하나님만 택해야 합니다. 하나님을 택한다는 것이 무엇입니까? "나는 죽었습니다. 내 욕심도 죽었고, 내 소원도 죽었습니다. 내게 오직 하나님뿐입니다"
라는 고백입니다. 그러면 하나님께서 우리의 인생을 책임져주십
니다. 오직 하나님 한 분만 의지하기를 바랍니다. 오직 하나님
만 택함으로 하나님이 베풀어주시는 놀라운 은혜를 체험하며
사십시오.

하나님의 영광을 위해 사는 삶을 택했던 다니엘과 친구들은
높은 지위에 오르게 되었습니다. 그들은 나라를 잃고 절망 속에
살던 많은 유대인에게 자랑스러운 영웅이 되었습니다. 그들은
칠흑 같은 어둠의 역사에 빛나는 별이 되었습니다. 하나님의 영
광을 위해 사십시오. 쉬운 길이 아니라 바른 길을 선택하십시오.
하나님께서 여러분들에게 주신 시대적 소명을 거부하지 마십시
오. 여러분은 이 시대를 밝히는 별입니다.

바른 길을 택한 다니엘

다니엘은 역사의 암흑기에도 빛나는 삶을 살았다. 그는 쉬운 길이 있었지만 바
른 길을 택하고 하나님이 주시는 지혜로 신앙을 지켰다. 우리가 선택의 기로에
놓일 때마다 하나님의 영광을 위한 선택을 한다면 하나님이 그 선택을 다 책임
져주실 것이다.

¹ 베냐민 지파에 기스라 이름하는 유력한 사람이 있으니 그는 아비엘의 아들이요 스롤의 손자요 베고랏의 증손이요 아비아의 현손이며 베냐민 사람이더라 ² 기스에게 아들이 있으니 그의 이름은 사울이요 준수한 소년이라 이스라엘 자손 중에 그보다 더 준수한 자가 없고 키는 모든 백성보다 어깨 위만큼 더 컸더라 ³ 사울의 아버지 기스가 암나귀들을 잃고 그의 아들 사울에게 이르되 너는 일어나 한 사환을 데리고 가서 암나귀들을 찾으라 하매 ⁴ 그가 에브라임 산지와 살리사 땅으로 두루 다녀보았으나 찾지 못하고 사알림 땅으로 두루 다녀보았으나 그곳에는 없었고 베냐민 사람의 땅으로 두루 다녀보았으나 찾지 못하니라 ⁵ 그들이 숩 땅에 이른 때에 사울이 함께 가던 사환에게 이르되 돌아가자 내 아버지께서 암나귀 생각은 고사하고 우리를 위하여 걱정하실까 두려워하노라 하니 ⁶ 그가 대답하되 보소서 이 성읍에 하나님의 사람이 있는데 존경을 받는 사람이라 그가 말한 것은 반드시 다 응하나니 그리로 가사이다 그가 혹 우리가 갈 길을 가르쳐줄까 하나이다 하는지라 ⁷ 사울이 그의 사환에게 이르되 우리가 가면 그 사람에게 무엇을 드리겠느냐 우리 주머니에 먹을 것이 다하였으니 하나님의 사람에게 드릴 예물이 없도다 무엇이 있느냐 하니 ⁸ 사환이 사울에게 다시 대답하여 이르되 보소서 내 손에 은 한 세겔의 사분의 일이 있으니 하나님의 사람에게 드려 우리 길을 가르쳐달라 하겠나이다 하더라 ⁹ (옛적 이스라엘에 사람이 하나님께 가서 물으려 하면 말하기를 선견자에게로 가자 하였으니 지금 선지자라 하는 자를 옛적에는 선견자라 일컬었더라) ¹⁰ 사울이 그의 사환에게 이르되 네 말이 옳다 가자 하고 그들이 하나님의 사람이 있는 성읍으로 가니라

08

하나님나라의 충신은 섬기는 사람이다

___ **누가 충신인가?**

교회가 맡겨진 일을 잘 감당하고 미래를 준비하기 위해서는 조직을 갖춰야 하고, 조직을 움직일 일꾼들이 필요합니다. 그래서 교회의 안수집사와 권사, 장로 등 직분자를 세우는 일은 교회의 근간을 이루는 매우 중요한 일입니다. 하지만 이 일을 할 때마다 저는 마음이 많이 무겁습니다. 모든 분을 다 세울 수는 없기 때문입니다. 그 과정에서 많은 분들이 실망하고 아파하는 것을 볼 때면 저도 마음이 아픕니다. 그래서 그 분들을 하나님의 말씀으로 위로해드리고 싶은 마음이 들었습니다.

그러나 이 땅에서의 직분도 중요하지만 우리가 확실히 붙잡아야 할 것은 하나님으로부터 인정을 받는 것입니다. 하나님으로

부터 "너야말로 내 나라에 필요한 일꾼이구나. 네가 과연 충신이다"라고 인정받는 것입니다. 우리 모두 하나님으로부터 충신이라는 인정을 받기 위해 힘써야 합니다.

그런데 하나님나라의 기준은 이 땅의 기준과는 많이 다릅니다. 다윗과 요나단을 생각해봅시다. 사울의 아들 요나단은 비운의 죽음을 맞았고 다윗은 왕이 되었습니다. 이 세상에서는 다윗이 최후 승자가 되었습니다. 하지만 저는 다르게 생각합니다. 하나님나라에서는 요나단이 다윗보다 더 훌륭하다고 칭찬을 받을 것 같습니다. 왜 그렇습니까? 성경에 기록되어 있지는 않지만 성경의 정신, 즉 예수 그리스도의 사랑과 희생의 정신을 기준으로 생각해보면 다윗에게 더 좋은 자리를 양보하며 "너는 흥해야겠고, 나는 망해야 한다"라고 말한 요나단이 훨씬 훌륭한 사람이라는 결론에 이릅니다.

예수님도 이렇게 말씀하셨습니다.

사람이 친구를 위하여 자기 목숨을 버리면 이보다 더 큰 사랑이 없나니 너희는 내가 명하는 대로 행하면 곧 나의 친구라 요 15:13,14

우리는 세상의 기준이 아니라 하나님나라의 기준에 따라 살아야 합니다. 이 기준에 따라 하나님의 충신이 되어야 합니다. 어떻게 하면 우리가 하나님나라의 충신이 될 수 있습니까? 사무엘서에 등장하는 이름 없는 사울의 종은 하나님나라의 충신이 어떤 사람인지 알려줍니다. 우리 모두 이 같은 하나님나라의 충신이 되기를 소망해야 합니다.

1. 묵묵히 순종하며 주인을 돕는 조력자

사울이 이스라엘의 초대 왕으로 세워지기 전의 일입니다. 사울의 아버지 기스에게 암나귀들이 있었습니다. 그런데 어느 날 암나귀들이 사라졌습니다. 고대 세계에서 나귀는 중요한 이동 수단이었습니다. 밭을 가는 데도 이용되고 여러 가지 일에 아주 요긴하게 사용되었습니다. 그만큼 재산의 가치도 있었습니다. 그런 암나귀들을 잃었으니 걱정이 되는 것은 당연합니다. 그래서 기스는 아들 사울에게 사환과 함께 암나귀들을 찾아오라고 했습니다.

> 사울의 아버지 기스가 암나귀들을 잃고 그의 아들 사울에게 이르되 너는 일어나 한 사환을 데리고 가서 암나귀들을 찾으라 하매 그가 에브라임 산지와 살리사 땅으로 두루 다녀보았으나 찾지 못하고 사알림 땅으로 두루 다녀보았으나 그곳에는 없었고 베냐민 사람의 땅으로 두루 다녀보았으나 찾지 못하니라 삼상 9:3,4

아버지의 명령을 받은 사울은 사환과 함께 암나귀들을 찾으러 길을 떠났습니다. 사울과 사환은 에브라임 산지를 헤매고 다녔습니다. 그러나 나귀를 찾지 못했습니다. 살리사 땅을 두루 다녀보았지만 거기서도 찾지 못했습니다. 상당히 넓은 지역을 찾아보았지만 허탕이었습니다. 그러나 포기하지 않았습니다. 그들은 사알림 땅, 베냐민 사람의 땅도 두루 다니며 열심히 나귀를 찾아다녔습니다. 숩 땅까지 갔습니다. 무척 멀고 힘든 여정이었습니다. 사울과 사환 두 사람 모두 많이 지쳤을 것입니다. 하지만 사환은 힘들다고 투정하지 않았습니다. 주인의 마음을 헤아리며 사울을 도와서 잃어버린 암나귀들을 찾는 데 힘썼습니다.

사실 기스가 암나귀들을 잃어버린다고 해서 사환이 크게 손해볼 일은 없습니다. 그것은 주인의 손해지, 주인집에서 밥을 얻어먹고 사는 자신과는 큰 관련이 없었습니다. 사환 입장에서는 그 넓은 땅을 찾아다녔다면 충분히 밥값을 했다고 생각했을 것입니다. 이제 집으로 돌아가자고 말해도 그리 큰 잘못은 아닙니다. 그런데 사환은 그렇게 하지 않았습니다. 주인집의 재산 손실을 자신의 일처럼 안타깝게 생각했습니다. 그래서 사환은 묵묵히 순종하며 사울에게 힘이 되어주었습니다.

사울은 오랜 수색에 지쳐서 사환 보기가 미안했을지도 모릅니다. 그즈음 사환이 "충분히 찾아보았습니다. 나귀들을 찾는 것은 불가능해 보입니다. 이제 그만 돌아가시죠"라고 한마디만

했다면 사울의 수색도 끝났을 것입니다. 하지만 사환의 충직한 모습에 그 멀리까지 암나귀들을 찾아다닐 수 있었습니다. 사울은 내심 사환에게 고마웠을 것입니다.

여러분은 하나님의 일, 교회 일에 어느 정도까지 봉사합니까? 얼마나 참여하고 애를 씁니까? 오히려 열심히 섬기는 사람을 막지는 않습니까? 왜 그렇게 열심히 해서 우리에게 부담을 주냐면서 방해하지는 않습니까? 사울의 종은 사울과 같은 마음을 품었습니다. 사울과 사울 집안에 좋은 일이 일어나게 하는 것이 자신의 일이라고 생각하고, 자신이 도울 수 있는 일에 집중하며 묵묵히 사울을 도왔습니다.

바로 이것이 하나님나라를 섬기는 충신의 특징입니다. 우리는 물론 거룩한 직분을 사모해야 합니다. 하지만 일하지 않는 직분자가 아니라 이름은 없지만 그와 같은 일을 하는 사람이 되십시오. 하나님의 눈에 누가 더 귀하게 보이겠습니까? 이름만 있을 뿐 아무 역할도 하지 않는 사람과 이름은 없지만 그 이상의 일을 하는 사람이 있습니다. 우리도 어떤 사람이 정말 필요한 사람인지 잘 압니다. 언제나 예수님의 마음을 헤아려서 주님께 기쁨이 되는 일꾼이 되기를 바랍니다.

2. 현명한 조언자

사울은 결단할 때가 왔음을 느꼈습니다. 너무 많은 날 동안 상당히 먼 곳까지 샅샅이 뒤지고 다녔습니다. 암나귀들을 찾을 것 같은 희망이 사라졌습니다. 나귀도 나귀지만 이제 아버지께서 자신들을 걱정할까 염려했습니다. 그래서 사환에게 그만 돌아가자고 말했습니다.

그들이 숩 땅에 이른 때에 사울이 함께 가던 사환에게 이르되 돌아가자 내 아버지께서 암나귀 생각은 고사하고 우리를 위하여 걱정하실까 두려워하노라 하니 그가 대답하되 보소서 이 성읍에 하나님의 사람이 있는데 존경을 받는 사람이라 그가 말한 것은 반드시 다 응하나니 그리로 가사이다 그가 혹 우리가 갈 길을 가르쳐줄까 하나이다 하는지라 삼상 9:5,6

보통 사람들 같으면 "돌아가자"는 사울의 말에 기다렸다는 듯이 앞장섰을 것입니다. 그런데 사울의 종은 오히려 돌아가자는 사울을 말립니다. 사환은 포기하려는 사울에게 조언합니다. 하나님의 사람이 마침 이 성읍에 있으니 그를 찾아가보자고 합니다. 어떻게 이런 조언을 했을까요? 사환이 집에 돌아갈 생각만 했다면 이런 말은 나올 수 없습니다. 사환이 이런 조언을 했다는 것은 사환이 계속 이 문제를 어떻게 해결할 것인가 고민했다는 뜻입니다. 문제를 던져버리려고 한 것이 아니라 문제를 풀고자 끌어안고 끙끙거린 것입니다. 자신을 주인 아들을 따라다니는 종으로 생각한 것이 아니라 주인 아들에게 도움을 주는 조력자로 생각한 것입니다. 자신을 주인의 문제를 해결하는 조력자로 생각하는 사람은 힘들더라도 궁리하고 해결책을 찾아봅니다. 사울의 사환은 현명한 조언을 했습니다.

특히 사환은 하나님의 백성으로서 하나님께서 그분의 사람을 통해서 하시는 일에 관심을 기울였습니다. 그는 암나귀들을 찾으러 다니면서도 하나님의 사람 사무엘이 어디에 있는지 알려고 했고, 중요한 정보를 얻었습니다.

우리는 현명한 조언자가 되어야 합니다. 이것은 쉬운 일이 아닙니다. 우리는 남의 일에 판단이 빠릅니다. 그래서 "감 놔라 배 놔라" 합니다. 그러다 의견이 충돌하고 싸움도 합니다. 말은 양날의 검과 같아서 잘 다루지 않으면 모두에게 상처를 줍니다. 그래서 섣부른 조언은 삼가야 합니다.

훌륭한 조언자가 되려면 상대와 동고동락한 경험이 있어야 합니다. 이심전심으로 공감할 줄 알아야 합니다. 상대를 진정으로 사랑하고 자신을 희생하는 자세가 있어야 합니다. 그래서 말 한마디에도 힘이 담겨야 합니다. 사환의 조언이 무게 있게 사울에게 전달된 것은 사환이 며칠 동안 사울과 함께 나귀들을 찾는 일에 동고동락했기 때문입니다. 사환이 사울을 위해 수고의 땀방울을 흘렸기 때문입니다.

그리고 그 조언에는 예수님의 사랑이 담겨 있어야 합니다. 하나님의 섭리와 뜻을 구하는 중심이 있어야 합니다. 그러면 그 조언에 힘이 실립니다.

> 지혜 있는 자의 교훈은 생명의 샘이니 사망의 그물에서 벗어나게
> 하느니라 선한 지혜는 은혜를 베푸나 사악한 자의 길은 험하니라
> 잠 13:14,15

우리의 조언이 생명의 샘이 되어야 합니다. 사망의 그물에서 벗어나게 하는 조언이 되어야 합니다. 생명을 살리는 현명한 조언자가 되십시오. 어떻게 하면 생명을 살리는 현명한 조언자가 될 수 있습니까? 예수님의 사랑으로 위로하면 됩니다. 그 사람의 필요를 채워주고자 노력하면 됩니다. 사랑과 은혜를 베푸는 사람이 생명을 살리는 현명한 조언자입니다.

3. 준비된 일꾼

그러나 사울은 사환의 제안에 주저했습니다. 하나님의 사람 사무엘을 찾아간다고 해도 사무엘에게 드릴 예물이 없었기 때문입니다. 나귀들을 찾아다니느라 준비해온 먹을 것도 다 떨어지고, 비상금도 다 떨어진 상황이었으니 사환의 제안은 현실성이 없어 보였습니다.

사울이 그의 사환에게 이르되 우리가 가면 그 사람에게 무엇을 드리겠느냐 우리 주머니에 먹을 것이 다하였으니 하나님의 사람에게 드릴 예물이 없도다 무엇이 있느냐 하니 사환이 사울에게 다시 대답하여 이르되 보소서 내 손에 은 한 세겔의 사분의 일이 있으니 하나님의 사람에게 드려 우리 길을 가르쳐달라 하겠나이다 하더라 삼상 9:7,8

그런데 이때 사환이 자신에게 은 4분의 1세겔이 있다고 말합니다. 이것은 노동자의 한 달 치 품삯에 해당하는 것입니다. 금액에 상관없이 자신의 한 달 월급이라고 생각하면 됩니다. 한 달 월급이 천만 원인 사람에게는 천만 원이고, 한 달 월급이 백만 원인 사람에게는 백만 원인 셈입니다. 말하자면 사환은 자신에게 매우 소중한 돈을 가져왔습니다. 길을 나서면서 그만한 돈을 챙기기란 쉬운 일이 아닙니다. 분실의 위험도 있지만 강도를 만날 수도 있는 상황이었습니다.

또 사환은 출발할 때 그것만 가지고 나온 것이 아닙니다. 먹을 식량을 짊어지고 여관에서 묵을 돈도 가져왔을 것입니다. 그 정도면 충분하다고 생각할 만큼 가져왔을 것입니다. 그런데 예정보다 일정이 길어졌습니다. 사울이 생각할 때 준비해온 양식을 다 먹고, 더 이상 수색할 돈도 떨어졌을 거라고 생각했습니다. 그러나 사환은 그 이상을 준비했습니다. 말하지도 않았는데 자신의 한 달 치 월급을 가져왔습니다. 이것은 무엇을 의미합니까? 무슨 일이 일어날지 모르니까 사환이 그 일을 대비해서 준비한 것입니다. 사환의 도움은 결정적인 때, 결정적인 역할을 했습니다.

준비는 중요한 요소입니다. 정치를 탐욕적 인간 본성의 측면에서 이해하고 조언한 마키아벨리도 준비의 중요성을 《전술론》에서 이렇게 설명했습니다.

"무언가를 하고자 하는 자는 무엇보다도 먼저 준비에 전념할 필요가 있다. 기회가 오기를 기다렸다가 준비를 시작하면 이미 늦다. 행운이 미소 짓기 전에 미리 준비를 갖춰놓아야 한다. 이 것만 게을리 하지 않으면 좋은 기회가 찾아오자마자 즉각 움켜잡을 수 있다. 좋은 기회는 당장 붙잡지 않으면 달아나기 마련이다."

준비된 일꾼은 지혜로운 사람입니다. 부지런히 생각하는 사람입니다. 일어나지 않은 일, 그러나 일어날 가능성이 있는 많은 일들을 미리 생각합니다. 훌륭한 일꾼은 일어날지 일어나지 않을지 모를 일들을 구상할 수 있는 능력이 있어야 합니다. 그런 시나리오를 만들고 그에 따라 대비해야 합니다. 불필요한 것까지 생각하고 챙긴다고 실속 없는 사람이라고 비난받을지도 모릅니다. 그래서 준비된 일꾼은 충직하고 성실한 사람입니다.

요즘 취업이 어려운 것은 누구나 인정하는 사실입니다. 일자리 구하기가 하늘의 별 따기입니다. 그러나 채용하는 사람들은 다른 말을 합니다. 정작 자신들의 회사를 위해서 일할 준비된 지원자가 부족하다는 것입니다. 제대로 준비된 능력 있는 일꾼이 부족하다고 말합니다.

준비된 일꾼이 되십시오. 여러분의 미래를 위해서 적절한 기회에 큰일을 할 수 있도록 준비하십시오. 주님의 나라를 위해서도 중요한 일을 감당할 준비를 하십시오. 준비된 자는 바로 그때 쓰임을 받을 것입니다.

4. 주인을 위해 자신의 것을 내어놓는 충성

사환은 자신이 한 달 내내 열심히 일해서 번 돈, 아니 아끼고 아껴서 오랫동안 모았을 돈을 사울을 위해 사용했습니다. 그 돈이 어떤 돈일까 생각해보십시오. 그 당시 이스라엘 사회에서는 빚을 제때 갚지 못하면 종이 되었습니다. 그 빚을 갚아야 노예에서 벗어날 수 있는데, 일단 남의 집에 종이 되면 돈을 벌기가 쉽지 않습니다. 그 사람이 아무리 열심히 일한들 주인집의 소득으로 귀속됩니다. 그리고 주인이 주는 돈은 종이 들이는 노동력에 비하면 턱없이 적었습니다. 그러니 돈을 모아 빚을 갚고 자유를 얻는다는 것은 거의 불가능했습니다.

이런 배경을 안다면 우리는 사환의 돈이 어떤 돈인지 짐작할 수 있습니다. 푼푼이 모아서 언젠가 그의 자유를 회복할 돈입니다. 사환의 미래가 달린 돈입니다. 그렇게 소중한 돈을 사환은 사울을 위해 아낌없이 내놓았습니다. 이것은 한마디로 헌신입니다. 헌신 없이는 충성이 있을 수 없습니다.

> 충성된 사자는 그를 보낸 이에게 마치 추수하는 날에 얼음냉수 같아서 능히 그 주인의 마음을 시원하게 하느니라 잠 25:13

사울의 종은 헌신함으로 사울에게 추수하는 날 얼음냉수 같은 시원함을 주었습니다. 사환의 도움으로 사울이 사무엘을 만났습니다. 사울이 사무엘을 만난 일은 이스라엘 역사를 바꾸는 사건이었습니다. 나귀를 찾는 일뿐만 아니라 사울의 운명이 바뀌는 사건이 되었습니다. 사무엘을 만난 사울은 이스라엘의 왕이 되는 길을 걷게 되었습니다. 누가 그를 이스라엘 왕으로 만드는 데 결정적인 역할을 했습니까? 사울의 이름 없는 사환입니다. 충성스러운 사환은 하나님나라 충신의 모습입니다.

저는 종종 엄청난 경험을 합니다. 전혀 생각하지도 못한 분이 큰 금액의 헌금을 들고 오실 때입니다. 제가 생각하기에도 그 분은 헌금을 할 것이 아니라 그 돈으로 자신의 삶을 살펴야 할 것 같습니다. 그런데 아니라고 합니다. 하나님께 바쳐야 한다고 고집을 피웁니다. 저는 그런 경험을 할 때마다 다시금 성경에 계시된 놀라운 진리를 깨닫습니다. 하나님은 부자를 통해서 일하시는 것이 아니라 하나님께 헌신하는 사람을 통해서 일하신다는 사실입니다. 그런 분들의 헌신이 너무도 귀합니다.

성경에는 이렇게 충직한 사환의 이야기가 더 이상 등장하지 않습니다. 하지만 그가 어떤 삶을 살았겠습니까? 사환은 사울이 왕이 되는 데 결정적인 역할을 했습니다. 주인이 기대한 이상의 일을 해냈습니다. 자신의 것을 아까워하지 않고 헌신했습니다. 그런 인재를 어디서 구하겠습니까? 사울이 왕이 되면 그와 같은 재주와 인품과 충성심을 갖춘 사람이 절대적으로 필요했을 것입니다. 사울이 사환과 같은 인재를 어디서 찾을 수 있겠습니까? 사환은 분명히 사울 왕국에서 큰 직책을 맡았을 것입니다. 이제 우리도 하나님나라의 충신이 되어야 합니다. 직분보다 직분에 맡긴 일을 충실히 해내는 사람이 되십시오. 하나님나라에서 영원히 빛날 하나님나라의 충신이 되기를 바랍니다.

하나님나라의 충신 사울의 종

사울의 종은 주인을 묵묵히 돕는 현명한 조언자이자 준비된 일꾼이었다. 그에게는 자신의 것을 아낌없이 내어놓는 충성과 헌신이 있었다. 사울의 종은 사울이 이스라엘의 왕이 되는 데 결정적인 역할을 했다. 이 같은 종의 충성은 하나님나라 충신의 모습이다.

PART 3

참 그리스도인으로 사는 법

7 그 후에 그의 주인의 아내가 요셉에게 눈짓하다가 동침하기를 청하니 8 요셉이 거절하며 자기 주인의 아내에게 이르되 내 주인이 집안의 모든 소유를 간섭하지 아니하고 다 내 손에 위탁하였으니 9 이 집에는 나보다 큰 이가 없으며 주인이 아무것도 내게 금하지 아니하였어도 금한 것은 당신뿐이니 당신은 그의 아내임이라 그런즉 내가 어찌 이 큰 악을 행하여 하나님께 죄를 지으리이까 10 여인이 날마다 요셉에게 청하였으나 요셉이 듣지 아니하여 동침하지 아니할 뿐더러 함께 있지도 아니하니라 11 그러할 때에 요셉이 그의 일을 하러 그 집에 들어갔더니 그 집 사람들은 하나도 거기에 없었더라 12 그 여인이 그의 옷을 잡고 이르되 나와 동침하자 그러나 요셉이 자기의 옷을 그 여인의 손에 버려두고 밖으로 나가매 13 그 여인이 요셉이 그의 옷을 자기 손에 버려두고 도망하여 나감을 보고 14 그 여인의 집 사람들을 불러서 그들에게 이르되 보라 주인이 히브리 사람을 우리에게 데려다가 우리를 희롱하게 하는도다 그가 나와 동침하고자 내게로 들어오므로 내가 크게 소리 질렀더니 15 그가 나의 소리 질러 부름을 듣고 그의 옷을 내게 버려두고 도망하여 나갔느니라 하고 16 그의 옷을 곁에 두고 자기 주인이 집으로 돌아오기를 기다려 17 이 말로 그에게 말하여 이르되 당신이 우리에게 데려온 히브리 종이 나를 희롱하려고 내게로 들어왔으므로 18 내가 소리 질러 불렀더니 그가 그의 옷을 내게 버려두고 밖으로 도망하여 나갔나이다 19 그의 주인이 자기 아내가 자기에게 이르기를 당신의 종이 내게 이같이 행하였다 하는 말을 듣고 심히 노한지라 20 이에 요셉의 주인이 그를 잡아 옥에 가두니 그 옥은 왕의 죄수를 가두는 곳이었더라 요셉이 옥에 갇혔으나

09

가장 혹독한 시련,
유혹을 이겨내라

───── **평온하지만 위태로운 일상**

저는 유혹을 최악의 위기라고 정의합니다. 최악의 상황이 우리의
인생을 망가뜨리는 것이 아니라 유혹이 우리의 인생을 망가뜨리
기 때문입니다. 최악의 상황은 종종 우리의 잠재력을 발현하는
계기가 되어 전화위복이 되지만, 유혹은 우리의 이기심과 욕심에
빌붙어 소리 없이 우리를 무너뜨립니다. 그래서 극작가 오스카
와일드가 "나는 유혹을 빼고 모든 것을 이길 수 있다"라고 말한
것이 이해됩니다.

꿈을 이룬 요셉에게도 유혹의 순간이 있었습니다. 요셉이 그
유혹에 넘어졌다면 그의 꿈도 사라졌을 것입니다. 하지만 요셉
은 유혹을 거절하고 이를 극복했습니다. 그 결과 막대한 피해를

입긴 했지만, 그 피해는 소중한 꿈을 이루기 위해 다음 단계로 도약하는 관문이 되었습니다. 최악의 위기인 유혹을 극복함으로써 요셉은 자신의 꿈을 성취하고 축복의 통로가 되었습니다.

요셉은 보디발의 집에서 가정 총무가 되어 주인의 모든 소유를 관리했습니다. 얼마 만에 찾아온 평온이요, 얼마 만에 누리는 자유인지 모릅니다. 학대받고 불쌍하고 힘없던 자가 다른 사람을 좌우할 수 있는 자리에 올랐습니다. 한마디로 등 따습고 배부른 처지가 되었습니다. 이제 요셉은 보디발의 집에서 무서운 것이 없었습니다. 보디발을 빼고는 모두 요셉의 눈치를 살펴야 했습니다. 간절히 원했던 작은 성공을 이루고 나서 잠시 숨을 돌릴 때였습니다. 바로 그때 주인의 아내가 요셉을 유혹했습니다. 요셉에게 눈짓을 하더니 이내 동침을 청했습니다. 평온하지만 극히 위험한 일이 일어날 것 같은 분위기였습니다.

유혹은 시도 때도 없이 우리를 찾아오지만 특히 방심한 틈을 타서 찾아옵니다. 최악의 고비를 넘기고 가까스로 숨을 돌릴 때, 조금 여유가 있을 때 무서운 힘을 발휘합니다. 그래서 우리는 평안할 때 조심해야 합니다. 이런 인간의 심리를 간파한 전도자는 "지혜자의 마음은 초상집에 있으되 우매한 자의 마음은 혼인집에 있느니라"(전 7:4)라고 설파했습니다.

사실 요셉의 입장에서 주인 아내의 유혹은 거절하기 어려운 것이었습니다. 그는 젊은 청년으로 성욕이 왕성한 나이였습니다.

성욕은 인간의 본능이고, 인간의 욕망 중에 가장 강력한 것입니다. 종 주제에 주인의 아내를 감히 쳐다볼 수도 없는 상황에서 미모와 지위와 우아함으로 무장한 주인 부인이 유혹을 해왔으니 보통 사람이라면 '이게 웬 횡재냐'고 생각했을 것입니다. 그런데 요셉은 그 유혹을 물리쳤습니다.

사실 유혹하는 여인의 지위도 무시할 수 없습니다. 주인의 아내는 요셉에게 상전입니다. 부인의 변심으로 요셉이 어렵게 이룬 평온이 풍비박산 날 수 있었습니다. 부인의 유혹은 자신의 성욕을 다스린다고 끝날 문제가 아니었습니다. 부인의 유혹은 상관의 부당한 압력과도 같습니다. 자신을 지키려고 해도 힘 있는 자의 강압에 의해서 자신을 지킬 수 없는 경우입니다.

이래저래 요셉은 함정에 빠졌습니다. 먼저 자신의 성적 욕망과 싸워 이겨야 하고, 그렇게 힘겹게 싸워 이긴 후에는 주인 부인의 부당한 요구와도 싸워야 합니다. 앞의 싸움도 무척 힘든 싸움이지만, 뒤의 싸움은 이긴다 해도 요셉의 운명이 어찌될지 모릅니다. 옴짝달싹할 수 없는 상황이니 부인의 요구를 들어주고 적당히 타협할 수도 있었습니다. 그러면 결과적으로 요셉은 유혹에 굴복한 것이 됩니다. 유혹은 때때로 우리의 욕망을 자극하면서 어쩔 수 없이 그래야 한다는 환경을 만들어놓습니다. 이것이 유혹의 함정입니다.

유혹의 마력

유혹을 극복하려면 유혹의 정체부터 알아야 합니다. 유혹이 강력한 이유는 인간의 원초적인 이기심, 본능, 욕심을 충족시키는 것이기 때문입니다. 인간의 원초적인 본능이나 욕심은 배부름의 욕망, 성적 욕망, 금전적 욕망, 편안함의 욕망, 권력의 욕망 등으로 나타납니다. 가장 편안한 것, 가장 즐거운 것을 얻게 해주겠다는 데 누가 마다하겠습니까. 그런데 그것이 마약과 같습니다. 생각해보십시오. 유혹은 지금 당장 편안한 것을 추구합니다. 하지만 그 유혹에 넘어가면 평생 후회하게 됩니다. 처음에는 지름길 같지만 더 가다보면 헤어날 수 없는 함정임을 알게 됩니다. 거부할 수 없을 만큼 달콤하게 다가오지만 그 유혹이 인생을 파멸시키기도 합니다. 그래서 유혹은 마약과 같습니다. 한번 입에 대면 그 마력에서 빠져나올 수가 없습니다.

'에스키모인의 늑대 잡는 법'이라는 글을 읽은 적이 있습니다.

에스키모인들은 아주 날카로운 칼에 동물의 피를 묻혀서 차가운 바깥에 둔다고 합니다. 조금 있으면 동물의 피가 칼에 얼어붙습니다. 그 위에 다시 동물의 피를 발라 얼리는 과정을 반복합니다. 그렇게 해서 피 얼음덩어리가 만들어지면 늑대들이 다닐 만한 곳에다 갖다놓습니다. 그러면 인적이 없을 때 굶주린 늑대가 나타나 피 얼음을 핥기 시작합니다. 얼음이 조금씩 녹으면서 피 맛이 느껴지자 늑대는 더욱더 혀를 날름거립니다. 피

맛이 더욱 맛있게 느껴집니다. 자꾸만 핥습니다. 피 얼음을 핥던 혀가 차가운 얼음 때문에 감각이 마비된 것입니다. 예리한 칼끝이 자기 혀를 찌르는데도 늑대는 알지 못합니다. 결국은 자기 피를 핥아 먹으며 늑대는 기진하여 죽어갑니다.

에스키모인들의 지혜를 설명하는 것 같았는데, 저는 퍼뜩 정신이 들었습니다.

'그래, 유혹에 빠지면 감각이 무뎌져서 자신이 죽어가는 것도 알지 못한다.'

그래서 '어느 정도 맛을 보다가 칼끝이 보이기 전에 멈춰야지' 하는 생각이 얼마나 부질없는 것인지 알았습니다.

유혹을 극복하는 법

1. 코람데오 정신으로 살라

요셉은 자신에게 주어진 권한이 어디까지인지 명확히 알고 있었습니다. 보디발의 집에서 주인 다음으로 높은 지위라는 것입니다. 그래서 집 안의 모든 소유에 대해 자신이 처리할 힘이 있지만 주인의 아내는 주인의 소유이므로 자신이 마음대로 할 수 없다고 말합니다. 그러면서 요셉이 부인의 요구에 응한다면 보디발에게 큰 악을 행하는 것이요, 하나님 앞에서 죄를 짓는 것이라고 말합니다.

> 이 집에는 나보다 큰 이가 없으며 주인이 아무것도 내게 금하지 아
> 니하였어도 금한 것은 당신뿐이니 당신은 그의 아내임이라 그런즉
> 내가 어찌 이 큰 악을 행하여 하나님께 죄를 지으리이까 창 39:9

요셉은 하나님께서 자신의 일거수일투족을 감찰하고 계심을
믿었습니다. 그래서 더욱 조심스럽게 살았습니다. 이것은 성적
인 문제뿐만 아니라 재물에 관한 문제에서도 마찬가지입니다.
우리는 자신에게 맡겨진 범위를 넘어설 때 범법자가 된다는 사
실을 알아야 합니다. 사람의 눈은 얼마 정도 속일 수 있습니다.
연기력을 좀 발휘하면 됩니다. 하지만 하나님의 눈을 속일 수는
없습니다. 모든 것을 아시는 전지하신 하나님을, 모든 곳에 편
재하신 하나님을 어떻게 속일 수 있습니까?

우리는 우리의 죄악을 숨길 수 있다고 생각합니다. 하지만 그
것은 큰 착각입니다. "너희 죄가 반드시 너희를 찾아낼 줄 알
라"(민 32:23). 참으로 무서운 말씀입니다. 우리가 숨기려고 하
는 우리의 죄가 우리를 따라와서 고발할 것입니다.

17세기 성직자 프랑소아 페넬롱은 "하나님이 함께 계심을 인
식하는 것이 유혹에 대항하는 최상의 대책이다"라고 말했습니
다. 하나님께서 언제 어디서나 우리를 지켜보고 계신다는 사실

을 기억해야 합니다. '코람데오'(Coram Deo)는 라틴어로 "하나님 앞에서"라는 뜻입니다. 우리는 이 세상을 코람데오 정신으로 살아가야 합니다.

2. 유혹을 묵상하지 말고 단호히 끊어버려라

요셉은 유혹을 묵상하지 않았습니다. 헛된 상상을 하면서 헛된 망상으로 머리를 혼란스럽게 하지 않았습니다. 그 대상을 아예 쳐다보지도 않았고, 함께 있지도 않았습니다.

> 여인이 날마다 요셉에게 청하였으나 요셉이 듣지 아니하여 동침하지 아니할 뿐더러 함께 있지도 아니하니라 창 39:10

많은 사람들이 스스로 유혹에 빠집니다. 헛된 망상을 하면서 망상의 노예가 되고, 마침내 죄의 노예가 됩니다. 유혹은 그 덫에 빠지면 늑대의 혀를 베는 칼과 같습니다. 감각이 마비되어 빠져나올 수 없습니다. 그래서 처음부터 단호하게 끊어버려야 합니다.

주인의 아내가 사람이 없을 때 요셉의 옷을 붙잡으니까 요셉은 그 옷을 부인의 손에 버려두고 밖으로 나갔습니다. 아주 단호했습니다. 그 옷이 자신에게 누명을 씌우는 증거가 될지라도 다시 가서 찾지 않았습니다. 이렇듯 조금도 틈을 주지 말아야 합니다. 부정하고 부당한 것이면 단호하게 끊어버려야 합니다. 재물이나 다른 유혹도 마찬가지입니다. "바늘 도둑이 소도둑 된다"는 속담이 있습니다. 처음부터 끊어야 합니다. 우리는 욕심을 따라 사는 사람이 아닙니다. 의와 믿음과 사랑과 평화의 사람들입니다.

또한 너는 청년의 정욕을 피하고 주를 깨끗한 마음으로 부르는 자들과 함께 의와 믿음과 사랑과 화평을 따르라 딤후 2:22

3. 꿈과 사람들의 기대를 지켜라

요셉은 작은 성공에 만족하지 않았습니다. 주인 아내의 유혹에 굴복해 귀부인의 정부(情夫)로 인생을 마감하는 삶에 만족하지 않았습니다. 요셉이 유혹에 넘어지면 그의 꿈은 사라집니다. 그의 꿈은 일시적인 욕망의 해소가 주는 죄악 된 기쁨과는 비교할 수 없는 엄청난 것이었습니다. 욕망의 포로가 되어 사람들에게 손가락질당하는 비참한 최후와 거룩한 꿈을 성취해 모든 사람에게 존경받는 결말은 하늘과 땅 차이가 아니라 천국과 지옥의 차이입니다. 지옥의 수치와 고통이 아닌 천국의 기쁨과 영광을 얻으려면 유혹을 이겨내고 꿈을 붙잡아야 합니다. 일시적인 달콤한 유혹과는 비교할 수 없는 영원한 기쁨을 주는 꿈과 비전을 붙잡아야 합니다.

요셉은 유혹을 극복하고 자신의 가족을 지켰습니다. 만약 요셉이 귀부인의 정부로 전락했다면 요셉은 아버지와 형들의 가족을 기근에서 구하지 못했을 것입니다. 또한 요셉은 유혹을 극복함으로 사람들의 기대를 지켰습니다. 히브리 종인 자신을 믿고 가정 총무로 삼아준 보디발을 배반하지 않았습니다. 보디발이 인식했든 못했든 간에 요셉은 자신을 신뢰해준 보디발의 기대를 저버리지 않았습니다. 그리고 보면 유혹에 굴복하지 않고 유혹을 극복하는 것에 훨씬 더 많은 유익이 있습니다.

꿈의 성취를 위해 나아가는 자에게 가장 혹독한 시련은 유혹입니다. 예수님은 유혹을 감당하기가 어려우니까 우리에게 이렇게 기도하라고 하셨습니다. "우리를 시험에 들게 하지 마시옵고 다만 악에서 구하시옵소서"(마 6:13). 우리는 유혹이 얼마나 무서운 것인지 알아야 합니다. 절대로 방심해서는 안 됩니다.

깨어 있으라

따라서 하나님을 믿는 사람들, 예수님을 따르는 제자들은 영적으로 민감해야 합니다. 예수님이 십자가 길을 걷기 전날 밤에 겟세마네 동산으로 제자들을 데리고 기도하러 가셨습니다. 예수님은 다가오는 죽음의 공포와 싸우며 하나님과 교제의 끈을 놓지 않으려고 기도에 전념하셨습니다. 그런데 그 초조하고 괴로운 순간에 제자들은 예수님의 마음을 조금도 헤아리지 못하고 곯아떨어졌습니다. 제자들이 예수님의 마음을 조금이라도 이해하고 같이 기도했다면 얼마나 좋았겠습니까. 기도하던 예수님은 잠이 든 제자들을 보시고는 깨워서 말씀하셨습니다.

시험에 들지 않게 깨어 기도하라 마음에는 원이로되 육신이 약하도다 하시고 마 26:41

제자들은 예수님이 피땀 흘리며 안타깝게 기도하던 그 중요한 순간에 졸고 있었습니다. 깨어 기도하지 못했습니다. 영적 민감함이 없었기 때문입니다.

여러분은 영적으로 민감합니까? 하나님이 기뻐하시는 일이 무엇인지 알고 있습니까? 영적으로 민감하려면 오직 깨어 있어야 합니다.

그러므로 우리는 다른 이들과 같이 자지 말고 오직 깨어 정신을 차릴지라 자는 자들은 밤에 자고 취하는 자들은 밤에 취하되 우리는 낮에 속하였으니 정신을 차리고 믿음과 사랑의 호심경을 붙이고 구원의 소망의 투구를 쓰자 살전 5:6-8

그렇다고 진짜 잠을 자지 말라는 뜻이 아닙니다. 깨어 있음은 믿음의 관점으로 사는 것, 하나님께서 우리에게 베풀어주신 구원의 은혜를 감사하고 예수님을 믿는 믿음으로 사는 것입니다. 나아가 하나님께서 예수님을 보내주시고 그분의 희생을 통해서 우리를 구원해주신 그 사랑을 알고, 그 사랑을 느끼고, 그 사랑을 마음껏 누리며 사는 것입니다. 참사랑을 누리는 사람이 진정한 사랑을 할 수 있고, 예수님의 사랑을 받은 우리는 생명을 바쳐 다른 사람을 사랑할 수 있습니다. 어떤 상황에서도 구원의 소망을 품고 사는 것, 이것이 깨어 있는 삶입니다.

기억하십시오. 영적으로 민감하고 유혹을 이기는 사람에게 새로운 세계가 열립니다. 요셉은 유혹을 극복하면서 그의 활동 영역이 확장되었습니다. 한 나라를 다스릴 역량을 얻는 공간으로 나아가게 되었습니다. 유혹을 이기는 자가 세상도 지배하는 것입니다.

유혹을 이겨낸 요셉

꿈을 이룬 요셉에게도 유혹의 순간이 있었다. 유혹은 방심한 틈을 타서 찾아오고 한 번 빠지면 헤어나기 어려운 마력이 있다. 그래서 유혹은 묵상하지 말고 단호히 끊어버려야 한다. 우리가 하나님 앞에서 영적으로 늘 깨어 있을 때 유혹의 위기를 이겨낼 수 있다.

7 망령되고 허탄한 신화를 버리고 경건에 이르도록 네 자신을 연단하라 8 육체의 연단은 약간의 유익이 있으나 경건은 범사에 유익하니 금생과 내생에 약속이 있느니라 … 12 누구든지 네 연소함을 업신여기지 못하게 하고 오직 말과 행실과 사랑과 믿음과 정절에 있어서 믿는 자에게 본이 되어 13 내가 이를 때까지 읽는 것과 권하는 것과 가르치는 것에 전념하라 14 네 속에 있는 은사 곧 장로의 회에서 안수 받을 때에 예언을 통하여 받은 것을 가볍게 여기지 말며 15 이 모든 일에 전심전력하여 너의 성숙함을 모든 사람에게 나타나게 하라 16 네가 네 자신과 가르침을 살펴 이 일을 계속하라 이것을 행함으로 네 자신과 네게 듣는 자를 구원하리라

10

좋은 습관을 기르려면
나쁜 습관부터 버려야 한다

_____ 습관의 힘

다음 글에서 '나'는 누구인지 생각해보기 바랍니다.

나는 누구일까? 나는 항상 당신과 함께 있다. 나는 당신의 조력자
가 될 수도 있고, 가장 무거운 짐이 될 수도 있다. 나는 당신을 성
공으로 밀어줄 수도 있고 실패로 잡아끌 수도 있다. 나는 당신의
명령을 따른다. 내가 하는 일의 반을 당신이 나에게 넘긴다면 나
는 그 일을 빠르고 정확하게 처리할 수 있다.

나는 쉽게 관리할 수 있다. 당신은 나에게 엄격하게 대하기만 하면
된다. 당신이 어떻게 하고 싶은지 내게 알려주면 나는 몇 차례 레슨
후에 그 일을 스스로 할 수 있다. 나는 모든 위대한 사람들의 하인

이고, 모든 실패한 사람들의 하인이다. 위대한 사람들은 내가 위대하게 만들었고, 실패한 사람들도 사실 내가 실패하게 만들었다.

나는 기계처럼 정확하고 인간의 이성을 통해 일하지만 나는 기계가 아니다. 당신은 나를 이용해서 성공할 수 있고 망할 수도 있다. … 나를 선택하라. 나를 훈련시켜라. 나를 엄격하게 다루라. 그러면 나는 세계를 당신의 발 앞에 가져다주겠다. 나를 우습게 대하면 나는 당신을 파괴할지도 모른다.

숀 코비, 《성공하는 10대들의 7가지 습관》

혹시 눈치 챘습니까? 나는 '습관'입니다. 습관이 가진 힘을 떠올려보면 금세 이 글에 동의할 것입니다. 우리는 대부분 습관에 따라 삽니다. 오늘 우리의 모습은 우리 각자가 만들어놓은 습관의 산물입니다. 습관은 엄청난 힘을 가지고 있어서 우리의 생각, 행동, 미각, 추측 등 모든 삶의 영역을 지배합니다. 우리는 좀처럼 습관을 벗어나기가 어렵습니다. 하지만 사람은 특별히 과거의 습관을 벗어나 새로운 습관을 만들 수 있습니다. 이것이 사람만이 가진 개선의 여지입니다.

치명적인 병에 걸린 사람이 병의 원인을 찾고는 잘못된 식습관과 생활 습관을 고쳐서 마침내 병을 물리칩니다. 낙방의 고배를 마신 사람이 자신의 생활 패턴을 바꿔서 재도전한 끝에 합격의 기쁨을 누립니다. 이런 예는 얼마든지 있습니다. 이제 인생이 얼마 남지 않았다고 하던 대로 하겠다고 해서는 안 됩니다. 그저 습관대로 살겠다고 해서도 안 됩니다. 어린아이의 1시간이나 노인의 1시간은 똑같이 값진 것이고, 그 시간들이 모여 우리의 인생이 되기 때문입니다. 그래서 우리는 끝까지 의미 있는 삶을 살려고 노력해야 합니다. 거룩한 습관을 기른다면 우리의 인생은 얼마든지 달라질 수 있습니다. 우리는 그리스도인으로서 거룩한 습관을 가지고 아름답고 가치 있는 삶을 살아야 합니다.

망령되고 허탄한 신화를 버려라

디모데전서는 사도 바울이 젊은 지도자인 디모데에게 보낸 편지입니다. 아버지가 새 일을 시작하는 아들을 염려하는 심정으로, 교회의 지도자가 후배 목사를 걱정하는 마음으로 쓴 편지입니다. 그래서 디모데전서에는 교회의 지도자들이 어떻게 처신해야 하는지에 대한 지침이 담겨 있습니다.

그렇다면 이것은 우리를 위한 교과서라고 할 수 있습니다. 우리는 모두 교회의 지도자들이기 때문입니다. 여러분은 하나님께서 예수님의 십자가 보혈을 주고 사신 왕 같은 제사장들입니다. 죄 많은 세대를 하나님 앞으로 데려와야 할 제사장 같은 역할을 해야 할 일꾼들입니다.

사도 바울의 의지는 분명합니다. 제자 디모데에게 망령되고 허탄한 신화를 버리라고 명령했습니다(딤전 4:7). '망령되고 허탄한 신화'는 무엇을 뜻합니까? 이를테면 할머니 할아버지가 어린 손자 손녀들에게 들려주는 옛날이야기를 말합니다. 우리나라 같으면 '전설 따라 삼천리' 같은 이야기인데, 단순히 동화만을 뜻하지는 않습니다. 한 나라의 개국 설화라든지 세상이 어떻게 창조되었고, 인간이 어떤 존재인지 등 아주 다양한 주제를 다룹니다. 할머니 할아버지가 어린 손자 손녀에게 이야기해주는 것은 고대 세계의 지식을 교육하는 것이요, 선대의 경험과 지혜를 다음 세대로 전달해주는 중요한 역할이었습니다.

이것을 좀 더 확대 해석하면 '망령되고 허탄한 신화'는 당시 그리스 로마 세계의 종교, 철학, 신화, 문학 등을 포괄한다고 볼 수 있습니다. 그리스 로마 문화가 지배하는 세상에서 살아가려면 꼭 필요한 것들입니다. 오늘날로 말하면 각종 고시나 전문 자격증을 취득하는 데 필요한 지식을 말합니다. 한마디로 출세하고 교양인 행세를 하려면 꼭 알아야 할 것들입니다. 하지만 이런 것들이 우리에게 생명을 주지는 않습니다. 결코 영원한 생명을 줄 수 없습니다. 따라서 그런 것에 인생을 낭비하지 말라고 권면한 것입니다.

그렇다면 이 말씀의 의미를 이렇게 정리할 수 있습니다.

"인생을 갉아먹는 비생산적인 일을 버려라. 잘못된 일에 인생을 낭비하지 말라."

그렇습니다. 사람이 목표가 분명하지 않을 때 시간, 돈, 열정, 에너지, 기회를 낭비합니다. 바른 목표가 있어야 합니다. 어떤 사람은 목표가 분명하지만 게으름 때문에 준비하지 못하고 중요한 기회를 놓치고 맙니다. 어떤 사람들은 중요한 일을 앞두고 엉뚱한 것에 시간을 보냅니다. 빨리 처리해야 할 중요한 일이 있는데도 별로 급하지도 않은 인터넷 검색에 시간을 쏟습니다. 결국 무엇입니까? 우리의 인생을 갉아먹는 잘못된 생각, 행동, 습관들이 다 망령되고 허탄한 신화인 것입니다.

여러분 인생에 결코 도움이 되지 않는 것들을 끊어버리십시오. 지나친 음주, 필요 이상의 식탐, 인터넷 중독, 포르노 중독, 게으름, 빈둥대기, 남의 일에 참견하는 행동, 부정적인 생각과 비관적인 태도 등 망령되고 허탄한 신화를 버리십시오.

좋은 습관을 기르려면 먼저 나쁜 습관에서 벗어나야 합니다. 우리 인생을 허비하는 나쁜 습관들을 생각해보십시오. 그리고 그것들을 하나씩 제거해나가십시오.

연습과 훈련으로 자신의 인생을 조각하라

바울은 "경건에 이르도록 네 자신을 연단하라"(딤전 4:7)라고 했습니다. 여기서 '연단한다'는 것은 "연습하다", "준비하다", "훈련하다"라는 뜻입니다. 시험을 앞둔 수험생들은 그 시험을 잘 치르기 위해서 열심히 준비합니다. 그것이 연습이요 훈련입니다. 군인들은 목숨이 걸린 치열한 전투 현장에서 살아남기 위해 훈련을 받습니다. 사람들은 이러저런 형태의 다양한 시험을 치르며 살아갑니다. 시험이 없으면 우리는 한 발짝도 앞으로 나아가지 못합니다. 그래서 사람들은 저마다 앞에 놓인 장애물과 시험을 통과하기 위해서 그에 맞는 연습과 훈련을 합니다. 그렇게 준비한 연습과 훈련이 그 사람의 성품이 되고, 그 사람의 인생이 됩니다.

대중 가수가 신곡을 발표하기 전에 몇 백 번 정도가 아니라 수천 번 연습한다는 말을 듣고 놀란 적이 있습니다. 끊임없이 연습을 하다보면 자다가 깨도 바로 노래가 나오는 수준이 된다고 합니다. 많은 이들이 가수를 꿈꾸는데 그 또한 만만치 않은 삶입니다. 무대 위에서 팬들의 환호를 누리는 황홀한 삶인 것 같지만, 그 자리에 서기까지 피나는 노력과 혹독한 훈련이 필요합니다. 군대에서 흔히 "훈련에서 땀 한 방울은 실전에서 피 한 방울"이라고 말하는데, 그만큼 연습과 훈련이 중요한 것입니다.

제가 미국에서 박사 과정을 할 때, 가장 힘든 고비는 박사 자격시험을 준비하는 일이었습니다. 그 시험을 통과하는 것은 죽음과도 같은 고통이었습니다. 박사 과정의 모든 공부를 마치고 소논문을 제출하고 박사 학위 논문을 쓰기 전에 과연 박사가 될 자격이 있는지 시험으로 증명하는 과정입니다. 어떤 사람들은 이 시험이 어려워서 차일피일 미루다가 끝내 학위를 받지 못하기도 합니다. 저는 자격시험을 위해 예상 문제를 만들고 답안을 준비하는 데만 1년이 넘게 걸렸습니다. 그다음 몇 개월 동안은 예상 답안을 외우고 컴퓨터에 작성하는 일을 반복했습니다. 한 과목에 네 시간씩 2주 안에 네 과목의 시험을 다 통과하려면 별다른 방법이 없었습니다. 외우고 또 외우고 밤새 자판을 두들겼습니다. 그렇게 밤낮을 가리지 않고 준비한 끝에 가까스로 그 시험에 통과했습니다.

성취하는 사람들은 부단한 연습과 준비로 한 고비를 넘깁니다. 그런데 잘 생각해보십시오. 고비를 넘기는 것만이 그 사람의 인생은 아닙니다. 그 고비를 넘기기 위해 살아온 날들, 준비한 노력과 시간, 그 모든 것이 그 사람의 인생입니다. 결과만 보지 마십시오. 과정도 중요합니다. 준비하고 연습하고 훈련하는 모습이 더 아름답습니다. 성취는 준비 과정에 대한 보상일 뿐입니다. 연습과 훈련으로 우리의 인생을 아름답게 조각해나가는 것입니다.

거룩한 습관을 기르는 법

이렇듯 육체의 연습도 큰 유익이 있습니다. 사람의 인생이 달라집니다. 그런데 거룩한 습관은 그와는 비교할 수 없는 엄청난 유익을 안겨줍니다. 이 땅에서의 삶뿐만 아니라 영원한 생명을 사는 일에 큰 유익을 주기 때문입니다.

> 육체의 연단은 약간의 유익이 있으나 경건은 범사에 유익하니 금생과 내생에 약속이 있느니라 딤전 4:8

철학자 파스칼은 "습관은 제2의 천성으로 제1의 천성을 파괴한다"고 말했습니다. 습관이 곧 우리의 천성이 된다는 뜻입니다. 그러므로 우리가 어떤 습관을 들이느냐 하는 것이 결국 우리의 인생이 되고, 우리의 운명이 되는 것입니다. 그렇다면 어떤 습관을 갖는 것이 유익할까요?

1. 예수님의 거룩한 습관을 닮아간다

예수님은 "나는 마음이 온유하고 겸손하니 나의 멍에를 메고 내게 배우라"(마 11:29)라고 말씀하셨습니다. 예수님은 우리의 구세주이실 뿐 아니라 삶의 완벽한 모범이십니다. 예수님을 배우고 예수님의 삶을 모방해서 연습하면 가장 완벽하게 경건을 연습하는 셈입니다. 우리는 부족하고 모순투성이지만 그래도 예수님을 닮으려고 노력해야 합니다. 예수님의 바른 정체성, 사명을 완수하는 일관성, 항상 기도하는 습관, 순종, 예비, 최선을 다하는 삶에 대해서 배워야 합니다. 그리고 어떤 결정을 하기 전에 '예수님이라면 어떤 결정을 하실까?' 생각해보는 것이 중요합니다. 예수님을 배우려는 자세로 예수님의 마음을 헤아린다면 우리의 생각과 행동에 큰 변화가 있을 것입니다. 바른 신앙 인격을 갖게 되고 사람들에게 존경을 받는 날이 올 것입니다.

2. 바른 태도가 습관이 되게 한다

환경에 주눅 들지 않고 자신의 처지를 비관하지 않는 사람들에게서는 놀라운 생명력을 보게 됩니다. 리우 시쿤이라는 중국의 피아니스트가 있었습니다. 1958년 당시 19세였던 리우 시쿤은 세계적 명성의 차이콥스키 국제콩쿠르에서 2등을 했고, 중국에 귀국한 뒤로는 전국을 돌며 연주회를 했습니다.

그런데 1960년대 중반에 중국의 문화혁명을 주도한 마오쩌둥이 중국 문화와 공산주의에 맞지 않는 예술 표현은 무조건 금했습니다. 리우 시쿤도 하루아침에 인민의 적이라는 낙인이 찍혀 옥에 갇히고 매를 맞았습니다. 오른팔이 부러졌지만 치료를 받을 수가 없었습니다. 그 후 6년이라는 세월 동안 빛을 보지 못했습니다.

그러던 중 1970년대 초 중국과 미국 사이에 해빙 무드가 조성되었습니다. 유진 오르먼디가 지휘하는 필라델피아 관현악단이 중국을 방문했을 때, 리우 시쿤과 협연을 제안했습니다. 중국 정부는 오르먼디가 협연을 원하는 피아니스트가 6년 동안 감옥에 갇혀 있었다는 사실에 당혹했지만 미국과의 관계 개선을 위해 그 요청을 거절할 수가 없었습니다.

감옥에서 나온 리우 시쿤은 6년 동안 한 번도 피아노를 쳐본 적이 없었습니다. 치료를 받지 못한 오른팔은 조금만 움직여도 몹시 아팠습니다. 과연 그가 피아노 건반이나 제대로 두드릴지 의심스러웠습니다. 하지만 그의 연주는 너무도 황홀했습니다. 청중들은 그의 연주에 탁월하고 놀랍다는 반응을 보이며 아낌없는 박수갈채를 보내주었습니다.

어떻게 이런 일이 가능했을까요? 리우 시쿤은 감옥에 갇혀 있으면서 보이지 않는 피아노를 상상 속에서 연주했던 것입니다. 보이는 않는 음을 상상 속에서 들었고, 상상 속에서 자신의 음악적 재능을 갈고 닦았습니다. 삶의 질을 높이는 가장 중요한 첫 단추는 바른 태도를 갖는 것입니다. 우리의 태도만큼 우리 인생의 높이가 결정되기 때문입니다. 바른 태도, 긍정적인 태도가 여러분의 습관이 되어야 합니다.

3. 평생 배우는 습관을 만든다

현대는 점증하는 지식의 증가로 자신의 전문 분야라고 할지라도 계속 공부하고 연구하지 않으면 금세 뒤처지게 됩니다. 하지만 단순한 백과사전적 지식은 이제 중요하지 않습니다. 누구나 인터넷 검색만 하면 웬만한 지식을 쉽게 얻을 수 있기 때문입니다. 그래서 중요한 것은 실용적 가치를 만들어내는 지식입니다. 실용적 가치를 만들어내는 사람에게 영향력이 있습니다.

미래학자 앨빈 토플러는 "21세기 문맹자는 글을 읽고 쓸 줄 모르는 사람이 아니라 학습하고 교정하고 재학습하는 능력이 없는 사람이다"라고 말했습니다. 글을 읽고 쓸 줄 안다고 해도 학습 능력이 없으면 문맹자라는 것입니다. 지식을 쌓아놓기만 하는 것이 아니라 지식을 활용할 수 있어야 한다는 뜻입니다. 주어진 일을 성취하기 위해서 자신의 역량을 계속 확대하려면 우리는 끊임없이 창조적으로 학습하는 사람이 되어야 합니다. 죽을 때까지 자기 분야의 최고가 되기 위해, 열매 맺는 삶을 살기 위해 평생 배우는 삶을 살아야 합니다. 우리는 큰길을 수축하는 하나님의 사람들입니다. 거룩한 습관을 통해 하나님께서 주신 사명을 완수해야 합니다.

＃ 바울의 거룩한 습관

인생을 낭비하는 나쁜 습관에서 벗어나려면 끊임없는 연습과 훈련이 필요하다. 더욱이 바울처럼 거룩한 습관을 기르기 위해서는 예수님의 거룩한 습관을 배우고 바른 태도가 몸에 익어야 한다. 거룩한 습관은 우리의 삶을 바꾸고 사명을 감당하게 하기 때문이다.

14 엘리사가 죽을병이 들매 이스라엘의 왕 요아스가 그에게로 내려와 자기의 얼굴에 눈물을 흘리며 이르되 내 아버지여 내 아버지여 이스라엘의 병거와 마병이여 하매 15엘리사가 그에게 이르되 활과 화살들을 가져오소서 하는지라 활과 화살들을 그에게 가져오매 16또 이스라엘 왕에게 이르되 왕의 손으로 활을 잡으소서 하매 그가 손으로 잡으니 엘리사가 자기 손을 왕의 손 위에 얹고 17이르되 동쪽 창을 여소서 하여 곧 열매 엘리사가 이르되 쏘소서 하는지라 곧 쏘매 엘리사가 이르되 이는 여호와를 위한 구원의 화살 곧 아람에 대한 구원의 화살이니 왕이 아람 사람을 멸절하도록 아벡에서 치리이다 하니라 18또 이르되 화살들을 집으소서 곧 집으매 엘리사가 또 이스라엘 왕에게 이르되 땅을 치소서 하는지라 이에 세 번 치고 그친지라 19하나님의 사람이 노하여 이르되 왕이 대여섯 번을 칠 것이니이다 그리하였더면 왕이 아람을 진멸하기까지 쳤으리이다 그런즉 이제는 왕이 아람을 세 번만 치리이다 하니라

11

생각을 바꾸면
인생이 달라진다

—— *생각이 사람을 결정한다*

존 맥스웰의 《생각의 법칙 10+1》에 로데오 선수 리처드 휴의 이야기가 나옵니다. 그는 황소 타기 선수로 성공하려는 열망을 불태우며 황소 타기 챔피언인 게리 레퓨를 만나 도움을 청합니다. 리처드의 열정을 확인한 게리는 그에게 매우 중요한 조언을 해줍니다. 첫 번째 조언으로 게리는 리처드에게 아마추어 대회에 나가지 말라고 권합니다. 리처드가 아마추어에 머물러 있는 한 생각 또한 아마추어를 벗어 나지 못한다는 이유였습니다. 생각부터 바꿔야 한다는 가르침입니다. 그리고 그에게 생각하는 능력에 관한 책을 읽으라는 조언과 함께 우승한 선수들과 어울리라고 권했습니다. 누구를 만나느냐도 영향을 주기 때문입니다.

그렇게 생각의 중요성을 깨달은 리처드는 그 후 많은 로데오 경기에서 우승을 거머쥐게 되었습니다.

물론 리처드가 로데오 선수로 성공한 이유는 단지 생각의 힘 때문만은 아닐 것입니다. 그는 다른 선수들과 마찬가지로 열심히 훈련에 매진했습니다. 하지만 훈련과 연습에 힘을 실어주고 자신의 잠재력을 끌어내는 데 생각이 기폭제 역할을 했다고 인정했습니다.

생각은 참으로 중요합니다. 오직 인간만이 생각할 수 있습니다. 인간은 생각을 통해서 많은 일들을 성취해왔고, 앞으로도 그럴 것입니다.

또한 우리가 어떤 생각을 하느냐에 따라 사람됨을 결정하기도 합니다.

대저 그 마음의 생각이 어떠하면 그 위인도 그러한즉 잠 23:7

생각이 사람을 결정한다는 것입니다. 우리의 외모가 바깥주인이라면 생각은 안주인입니다. 바깥주인을 움직이는 실세입니다. 그래서 어떤 생각을 하느냐에 따라 외모가 달라집니다. 기쁜 생각을 하면 얼굴에 즐거운 표정이 그대로 드러납니다. 반대로 슬픈 생각을 하면 얼굴에 수심이 가득합니다. 우리는 이 사실을 분명히 알고 생각을 지배하는 사람들이 되어야 합니다.

소극적인 생각의 결과

하나님의 예언자 엘리야가 불병거를 타고 하늘로 승천한 후에 엘리사는 엘리야에 이어 예언자가 되었습니다. 엘리사는 주변 국의 전쟁과 흥망이 교차하는 숨 막히는 국제 정세 가운데 하나님의 뜻을 전하며 살았습니다.

그런 엘리사가 인생을 마감할 때가 되자 이스라엘의 왕 요아스는 그를 방문했습니다. 요아스는 눈물을 글썽이며 엘리사에게 말했습니다.

내 아버지여 내 아버지여 이스라엘의 병거와 마병이어 왕하 13:14

왕이 엘리사를 '내 아버지'라고 부른 것은 이해가 되는데, '이스라엘의 병거와 마병'이라고 부른 이유는 무엇입니까? 병거와 마병은 최신 무기로 나라를 가장 효과적으로 방어하는 군사력이었습니다. 엘리사를 '이스라엘의 병거와 마병'으로 부른 이유는 엘리사가 바로 그런 존재였다는 뜻입니다. 엘리사는 위기에 처한 나라를 하나님의 능력으로 여러 차례 구했습니다. 그러니까 엘리사의 죽음은 국가적으로 큰 손실이었습니다.

엘리사는 죽음의 문턱에서 요아스 왕에게 활과 화살을 들라고 했습니다. 왕이 활을 잡자 엘리사는 활을 잡은 왕의 손에 자신의 손을 얹었습니다. 그리고 동편 창을 열라고 한 뒤에 화살을 쏘라고 합니다. 이것은 무슨 의미일까요? 그 의미가 열왕기하 13장 17절에 나옵니다.

이르되 동쪽 창을 여소서 하여 곧 열매 엘리사가 이르되 쏘소서 하는지라 곧 쏘매 엘리사가 이르되 이는 여호와를 위한 구원의 화살 곧 아람에 대한 구원의 화살이니 왕이 아람 사람을 멸절하도록 아벡에서 치리이다 하니라 왕하 13:17

아람이라는 나라는 오늘날 시리아를 말합니다. 이스라엘과 시리아는 한 번도 좋은 관계를 맺은 적이 없는 앙숙이었습니다. 엘리사는 아람을 향해 활을 쏘는 행위를 통해서 하나님께서 이스라엘을 구하고 아람을 치실 것이라는 메시지를 왕에게 전달한 것입니다.

엘리사가 계속해서 말했습니다.

또 이르되 화살들을 집으소서 곧 집으매 엘리사가 또 이스라엘 왕에게 이르되 땅을 치소서 하는지라 이에 세 번 치고 그친지라 하나님의 사람이 노하여 이르되 왕이 대여섯 번을 칠 것이니이다 그리하였더면 왕이 아람을 진멸하기까지 쳤으리이다 그런즉 이제는 왕이 아람을 세 번만 치리이다 하니라 왕하 13:18,19

엘리사가 왕에게 땅을 치라고 말했습니다. 땅을 치는 행동은 아람을 전쟁에서 무찌르는 상징이었습니다. 그런데 왕이 땅을 세 번만 쳤습니다. 왕의 행동에 엘리사는 몹시 화가 났습니다. 너무나 안타까웠습니다. 아람은 북이스라엘을 침략해서 수많은 사람을 죽이고 포로로 잡아간 원수의 나라 아닙니까? 그러니 그 나라를 응징해야 마땅합니다. 당연히 더 많이 쳐야 합니다. 그것이 엘리사의 마음이었습니다. 하지만 왕은 거기까지 생각이 미치지 못했습니다.

여기서 우리는 중요한 사실을 깨닫게 됩니다. 소극적인 생각과 생각조차 하지 못하는 어리석음이 우리의 미래를 닫는다는 것입니다. 왕이 평소에 나라의 안위를 생각하고 발등의 불인 아람의 문제를 인식했다면 어땠을까요? 동쪽 창문을 열고 활을 쏘는 것이 아람을 진멸하고자 하는 하나님의 뜻임을 알았다면 그는 분명히 땅을 열심히 두드렸을 것입니다. 그런데 그는 그런 생각이 없었습니다. 그의 생각 없는 행동이 그와 나라의 미래를 닫아버린 것입니다.

또한 이 상징 행위들은 비록 하나님께서 우리의 미래를 예정해 놓으셨다고 해도 우리가 어떻게 하느냐에 따라 결과가 달라진다는 것을 알려줍니다. 하나님은 이미 아람을 이스라엘에게 패하도록 계획하셨습니다. 그런데 왕이 땅을 얼마나 치느냐에 따라 승패가 달라집니다. 왕이 땅을 세 번 치면 세 번만 전쟁에서 이기는 것입니다. 왕이 땅을 열 번 치면 전쟁에서 열 번 이기는 것입니다. 이것이 무엇을 의미합니까? 하나님께서 우리의 미래를 예정하셨을지라도 우리의 생각과 행동에 따라 그 결과가 달라진다는 것입니다. 하나님께서 우리의 삶을 주관하시고 인도해 가시지만 우리에게 여전히 '자유 의지'라는 것을 주셔서 우리가 생각하고 선택하게 하십니다. 우리 스스로 바른 생각을 하고 거룩한 일에 헌신함으로 우리의 인생을 더욱 풍성하게 만들 수 있습니다. 그리고 그것은 전적으로 우리의 몫입니다.

생각은 미래를 결정하는 씨앗이다

이 이야기는 생각 없이 산다는 것이 얼마나 한심한가를 보여줍니다. 요아스 왕은 국가의 대사를 결정하는 왕의 신분에 맞는 생각이 없었습니다. 시시각각으로 급변하는 국제 정세를 판단할 능력이 없었습니다. 생각이 부족했습니다. 이는 곧 소극적인 태도로 이어졌고, 소극적인 태도는 소극적인 미래를 만들었습니다. 우리도 사실 많은 부분에서 요아스 왕과 같습니다. 우리도 생각 없이 살 때가 많습니다.

생각은 참으로 중요합니다. 생각은 우리의 미래를 결정하는 씨앗입니다. 부정적이고 소극적인 생각은 우리를 부정적이고 소극적인 사람으로 만듭니다. 또 그런 결과에 익숙해져서 주눅이든 채 살아가게 합니다. 생각은 미래를 향한 문과 같습니다. 생각이 닫히면 미래가 닫히고 생각이 열리면 미래가 열립니다. 미래를 향한 생각은 오늘의 고난에 침몰당하지 않게 우리를 지켜줍니다. 고난 속에서도 미래의 행복을 그리며 소망의 노를 열심히 젓게 합니다.

성경은 사람이 품는 생각이 얼마나 중요한지 말해줍니다. 또 그 생각이 사람의 미래를 결정하는 중요한 요소라고 가르쳐줍니다. 욥기에 보면 의미심장한 말씀이 나옵니다. 욥이 고난 중에 고백을 하는데, 그 고난이 그의 생각 속에 있었다고 합니다. 편안하게 살고 있을 때 고난에 관한 생각을 하니까 그런 고난이 왔다는 것입니다.

> 내가 두려워하는 그것이 내게 임하고 내가 무서워하는 그것이 내 몸에 미쳤구나 욥 3:25

욥은 하나님께서 주신 축복을 누리며 살아가는 가운데 마음 한구석에서 불안을 느낀 모양입니다. '이거, 좀 불안한데. 이 많은 재산이 하루아침에 다 없어지지는 않을까? 몸이 아프면 또 어쩌지?' 성경에 자세히 나오지는 않지만 욥이 쓸데없이 걱정한 것을 알 수 있습니다. 그런 염려와 걱정이 실제로 일어났다고 그가 고백했기 때문입니다. 생각이 이토록 무섭습니다. 생각대로 된 것입니다. 그 생각이 이루어진 것을 알고 깜짝 놀랐습니다. 그러니 부정적인 생각을 거두고 그 생각을 긍정적이고 소망에 찬 생각으로 바꿔보십시오.

하나님이 기뻐하시는 생각으로 바꾸는 법

1. 모든 생각을 그리스도께 복종시켜라

우리는 내가 하는 생각이 예수님도 기뻐하시는 것인지 생각해 봐야 합니다.

하나님 아는 것을 대적하여 높아진 것을 다 무너뜨리고 모든 생각 을 사로잡아 그리스도에게 복종하게 하니 고후 10:5

우리는 예수님의 종입니다. 주인이신 예수님이 기뻐하시는 것 만 생각하고 행동하는 것, 자신의 경험이나 생각을 고집하지 않 는 것이 우리의 생각을 하나님의 뜻대로 바꾸는 비결입니다.

예수님이 승천하신 후에 베드로가 어떤 환상을 보게 됩니다. 하늘에서 큰 보자기가 내려오는데 그 안에 여러 짐승들이 있었 습니다. 그중에는 유대인이 먹을 수 없는 불결한 짐승도 있었 습니다. 그때 하늘로부터 "그것들을 잡아먹으라"는 소리가 들렸습니다. 하지만 베드로는 그 음성에 순종하지 않았습니다. 유대인으로서 율법을 범하는 일이었기 때문입니다. 그러나 그때 "하나님이 깨끗하게 하신 것을 네가 속되다고 하지 말라"(행 11:9)는 하늘의 목소리가 들렸습니다.

이 환상 후에 베드로는 하나님의 뜻을 이해했습니다. 이방인 백부장 고넬료의 초청을 받아들였습니다. 그때까지 베드로는 복음이 유대인에게만 전해져야 하는 줄 알았습니다. 그러나 하나님은 이 환상을 통해서 그의 생각을 바꿔주셨습니다.

만약 베드로가 생각을 바꾸지 않고 자기주장만 고집했다면 기독교는 모든 사람에게 전해지지 않고 유대교의 한 분파로 전락했을 것입니다. 하지만 하나님의 뜻은 거기에 있지 않았습니다. 모든 사람이 하나님을 알고 하나님을 예배하고 구원받기를 원하셨습니다. 베드로가 생각을 바꾸고 이방인에게도 복음을 전하자 훗날 기독교 역사가 세계를 지배하게 되었습니다. 생각이 바뀌니까 역사가 달라진 것입니다.

2. 하나님의 말씀을 생각의 근거로 삼으라

하나님의 말씀은 살아 있고 활력이 있어 좌우에 날선 어떤 검보다도 예리하여 혼과 영과 및 관절과 골수를 찔러 쪼개기까지 하며 또 마음의 생각과 뜻을 판단하나니 히 4:12

하나님의 말씀은 인간의 생각과 뜻을 다 판단합니다. 우리가 하나님께서 기뻐하시는 일을 생각하고 실행한다면 하나님께서는 우리의 앞길을 여실 것입니다. 하지만 우리가 우리의 욕심과 세상적인 탐욕에 따라 생각한다면 하나님께서는 준엄한 심판을 내리실 것입니다.

우리가 하나님께 칭찬받는 일을 하려면 생각부터 달라져야 합니다.

너희는 이 세대를 본받지 말고 오직 마음을 새롭게 함으로 변화를 받아 하나님의 선하시고 기뻐하시고 온전하신 뜻이 무엇인지 분별 하도록 하라 롬 12:2

여기서 '이 세대'는 세상의 욕망을 뜻합니다. 우리는 세상의 욕망을 따르지 않고 하나님이 선하다 하시고, 하나님이 기뻐하시고, 하나님이 온전하다고 하시는 일을 추구해야 합니다. 그러려면 우리의 생각이 하나님의 말씀에 뿌리를 내려야 합니다. 하나님께서 기뻐하실 일은 하나님의 말씀인 성경에 잘 정리되어 있습니다. 하나님의 말씀을 우리 생각의 근거로, 자원으로 삼으면 됩니다. 그리고 하나님을 말씀을 따라 생각하고 실천하는 것입니다.

주의 말씀은 내 발에 등이요 내 길에 빛이니이다 시 119:105

시편 119편은 말씀대로 사는 신앙인의 고백입니다. 한 걸음 한 걸음 인생의 모든 걸음을 하나님의 말씀을 따라 내딛는 사람의 고백입니다. 하나님의 말씀은 영원합니다. 시간의 한계에 갇혀 사는 사람이 영원을 얻으려면 영원한 것을 붙잡아야 합니다. 하나님의 말씀으로 시작된 존재가 하나님의 말씀을 따라 살면 생명의 길이 열립니다. 영원을 소망하고 영원을 누릴 수 있는 길이 열립니다.

우리가 하나님의 말씀을 생각의 근거로 삼는다면 우리는 결코 후회 없는 삶을 살게 될 것입니다. 하나님의 말씀을 배우십시오. 하나님의 말씀을 매일 읽고 그 말씀의 의미를 생각하십시오. 그러면 그 말씀이 우리의 생각을 지배하고 말씀대로 살게 될 것입니다.

3. 바른 생각을 하도록 기도하라

내게 주신 은혜로 말미암아 너희 각 사람에게 말하노니 마땅히 생각할 그 이상의 생각을 품지 말고 오직 하나님께서 각 사람에게 나누어주신 믿음의 분량대로 지혜롭게 생각하라 롬 12:3

하나님의 사람들은 올바르고 건설적인 생각을 해야 합니다. 자신의 미래를 열고 가족과 주위 사람들에게 기쁨을 줄 수 있는 생각을 해야 합니다. 교회의 덕을 세우는 데 보탬이 되는 생각을 해야 합니다.

아무것도 염려하지 말고 다만 모든 일에 기도와 간구로, 너희 구할 것을 감사함으로 하나님께 아뢰라 그리하면 모든 지각에 뛰어난 하나님의 평강이 그리스도 예수 안에서 너희 마음과 생각을 지키시리라 빌 4:6,7

우리가 기도할 때 하나님께서 우리의 마음과 생각을 지켜주신다고 하셨습니다. 그러니까 사념이 많고 쓸데없는 생각에 시달리는 사람은 기도하지 않는 사람입니다. 우리가 기도하면 하나님께서 우리의 생각을 지켜주십니다. 그래서 기도하는 사람은 바른 생각을 하게 되고, 바른 생각을 가진 사람은 미래를 아름답게 열어갑니다.

4. 생각을 실현하도록 최선을 다하라

그러므로 내 사랑하는 형제들아 견실하며 흔들리지 말고 항상 주의 일에 더욱 힘쓰는 자들이 되라 이는 너희 수고가 주 안에서 헛 다윗을 생각해봅시다. 골리앗과 싸운 다윗은 생각이 달랐습니다. 많은 사람들은 골리앗의 몸집과 기세에 눌려서 패배의식에 젖은 생각을 했습니다.

'안 돼. 저런 천하장사를 누가 이길 수 있겠어. 그럼, 안 되고 말고.'

이런 생각에 사로 잡혀 있었습니다. 하지만 다윗은 달랐습니다. 생각이 달랐습니다. 하나님이 자신과 함께하시면 어떤 존재도 두렵지 않다고 생각했습니다. 골리앗을 천하장사요 거인이라고 생각하니까 겁만 나고 싸울 수 없었는데, 생각을 바꾸니까 그 거구가 오히려 맞추기 수월한 표적이 되었습니다. 다윗이 성공한 것은 물매를 잘 던져서가 아닙니다. 생각이 달라서였습니다. 모든 사람이 지레 겁먹고 숨죽일 때 하나님의 영광을 생각하고 담대히 나섰기 때문입니다.

그리고 자신의 생각을 실현하기 위해서 목숨을 걸었습니다. 이것이 그의 위대한 점입니다. 생각을 생각으로 제한하지 않고 생각한 것을 현실로 만들었기 때문입니다. 생각을 현실로 만들려면 계획과 노력과 수고가 뒤따릅니다. 끝까지 수고한 자에게 하나님은 열매를 거두게 해주십니다.

지금 이 시대에도 이런 일꾼들이 많이 필요합니다. 미래를 열어가는 생각을 하는 사람, 가능성의 창을 여는 사람, 무한한 상상력을 가지고 새로운 세계를 열어가는 사람이 필요합니다. 무엇보다 거룩한 생각을 구체적으로 실현하는 사람들이 필요합니다. 여러분이 그런 사람이 되십시오. 그리스도께 모든 생각을 복종시키는 사람이 되십시오. 하나님의 말씀에 순종하고 항상 기도함으로 바른 생각을 가지십시오. 그래서 미래를 만드는 사람, 소망을 이루는 사람, 꿈을 성취해가는 사람, 역사를 바꾸는 사람이 되기를 바랍니다.

우리는 우리의 생각과 판단과 경험을 대단한 것으로 여깁니다. 하지만 그것들이 자주 오류에 빠진다는 것은 우리 자신이 더 잘 알고 있습니다. 하나님의 지혜는 우리가 헤아릴 수도 없고 분별할 수도 없습니다. 하나님의 위대하심과 지혜의 부요 앞에서 우리는 아무 주장도 할 수 없습니다.

깊도다 하나님의 지혜와 지식의 풍성함이여, 그의 판단은 헤아리지 못할 것이며 그의 길은 찾지 못할 것이로다 누가 주의 마음을 알았느냐 누가 그의 모사가 되었느냐 롬 11:33,34

내가 땅의 기초를 놓을 때에 네가 어디 있었느냐 네가 깨달아 알았거든 말할지니라 욥 38:4

우리의 생각과 판단, 경험보다 더 위대하시고 전능하신 하나님께 여러분의 일생을 맡기기 바랍니다. 새로운 차원의 삶이 시작될 것입니다. 여러분의 생각을 주장하지 말고 그 생각까지 전능하신 하나님께 맡기십시오. 하나님의 능력과 은혜를 체험하게 될 것입니다.

엘리사의 깊은 생각

엘리사는 요아스 왕의 소극적인 생각과 행동을 꾸짖었다. 어떤 생각을 하느냐에 따라 그의 미래가 결정되기 때문이다. 무엇보다 주께 모든 생각을 맡기고 말씀을 근거로 한 생각을 실현할 때 하나님이 기뻐하시는 삶을 살게 될 것이다.

마가복음 11:23

23 내가 진실로 너희에게 이르노니 누구든지 이 산더러 들리어 바다에 던져지라 하며 그

말하는 것이 이루어질 줄 믿고 마음에 의심하지 아니하면 그대로 되리라

12

살리는 말을
해야 한다

_____ **믿음의 언어는 기적을 일으킨다**

우리의 언어, 곧 말은 인간의 삶에 가장 유용한 도구입니다. 인간에게 말이 없었다면 생각을 정리하고 전달하고 발전시킬 방법이 없어서 만물을 지배하지 못했을 것입니다. 말은 사람이 사람되게 하는 대단히 중요한 도구입니다. 그러므로 말을 어떻게 사용하느냐에 따라 그 사람의 인생이 달라집니다.

예수님은 하나님의 말씀이셨습니다. 우주의 운행과 질서의 원리인 '말씀'(logos)이 인간으로 오셨고, 그 말씀이 육신이 되었다고 해서 '성육신'(incarnation)이라고 합니다. 예수님은 말의 힘을 아셨고 능력 있는 언어생활을 하셨습니다. 자신이 말씀하신 대로 훌륭하게 사셨습니다. 우리는 그리스도인으로서 바른 언어

생활에 대해 배워야 합니다.

성경은 특히 말을 강조합니다. 말의 높임말이 말씀입니다. 창세기는 하나님께서 말씀으로 세상을 창조하신 사실을 밝힙니다. "하나님이 이르시되 빛이 있으라 하시니 빛이 있었고"(창 1:3). 하나님은 말씀으로 세상을 창조하셨습니다. 또한 요한복음은 예수님을 하나님의 말씀으로 소개합니다. "말씀이 육신이 되어 우리 가운데 거하시매 우리가 그의 영광을 보니 아버지의 독생자의 영광이요 은혜와 진리가 충만하더라"(요 1:14).

하나님의 말씀은 하나님의 능력이 될 뿐만 아니라 우리를 구원하신 예수님 그 자체이기도 합니다. 하나님의 말씀이신 예수님은 한마디 한마디를 소중히 다루셨습니다. 예수님께서는 제자들에게 다음과 같이 가르치셨습니다.

내가 진실로 너희에게 이르노니 누구든지 이 산더러 들리어 바다에 던져지라 하며 그 말하는 것이 이루어질 줄 믿고 마음에 의심하지 아니하면 그대로 되리라 막 11:23

예수님은 말이 가진 힘을 알고 계셨습니다. 그래서 우리가 말한 것을 믿으면 말한 대로 이루어진다고 말씀하셨습니다. "산이 들려 바다로 날아가라"라고 하면 그렇게 될 것이라고 하셨습니다. 어떻게 산이 날아가 바다에 빠질 수 있습니까? 그런데 이것이 말의 힘입니다. 이 같은 말을 하려면 믿음이 있어야 합니다. 말하는 것이 성취될 것을 믿고 의심하지 않으면 말한 대로 됩니다. 이것은 평범한 말이 아니라 믿음의 언어입니다. 반드시 말한 대로 이루어질 것이라는 확신에서 나온 말입니다. 그래서 믿음의 언어는 기적을 만들어냅니다.

말하는 대로 이루어진다

여호수아와 갈렙이 가나안 땅을 정탐했을 때 12명의 정탐꾼 중에 10명이 그 땅의 백성은 거인이고 자신들은 메뚜기 같다며 부정적인 보고를 했습니다(민 13:32,33). 그 보고에 백성들이 흥분했습니다. 차라리 자기들이 종살이하던 애굽에서 죽었든지 아니면 광야에서 죽었으면 좋았을 것이라고 불평했습니다.

그러나 그들의 악평과 달리 여호수아와 갈렙은 단호히 주장했습니다.

여호와께서 우리를 기뻐하시면 우리를 그 땅으로 인도하여 들이시고 그 땅을 우리에게 주시리라 이는 과연 젖과 꿀이 흐르는 땅이니라 다만 여호와를 거역하지는 말라 또 그 땅 백성을 두려워하지 말라 그들은 우리의 먹이라 민 14:8,9

한쪽은 자신들 스스로 메뚜기 같다고 했고, 다른 쪽은 적들이 우리의 먹이라고 했습니다. 한쪽은 적들의 기세에 눌려서 싸워보지도 않고 죽겠다고 엄살을 떨었고, 다른 쪽은 하나님께서 함께하시면 적들은 우리의 먹이가 될 것이라고 말했습니다.

이때 하나님이 어떻게 반응하셨습니까? 하나님께서는 너희들이 한 말 그대로 이루어지게 해주겠다고 하셨습니다.

나를 원망하는 이 악한 회중에게 내가 어느 때까지 참으랴 이스라엘 자손이 나를 향하여 원망하는 바 그 원망하는 말을 내가 들었노라 그들에게 이르기를 여호와의 말씀에 내 삶을 두고 맹세하노라 너희 말이 내 귀에 들린 대로 내가 너희에게 행하리니 너희 시체가 이 광야에 엎드러질 것이라 너희 중에서 이십 세 이상으로서 계수된 자 곧 나를 원망한 자 전부가 여분네의 아들 갈렙과 눈의 아들 여호수아 외에는 내가 맹세하여 너희에게 살게 하리라 한 땅에 결단코 들어가지 못하리라 민 14:27-30

하나님은 "너희 말이 내 귀에 들린 대로 내가 너희에게 행하리니"라고 말씀하셨습니다. 약속의 땅을 코앞에 두고 이스라엘 백성들은 40년 동안 광야를 유랑하다가 그들의 말대로 죽었습니다. "죽고 사는 것이 혀의 힘에 달렸나니 혀를 쓰기 좋아하는 자는 혀의 열매를 먹으리라"(잠 18:21).

이처럼 죽고 사는 것이 우리가 하는 말에 달려 있습니다. 말이 우리의 운명을 결정합니다. 덴마크 속담 중에 "바다는 사람의 손에 의해, 세계는 사람의 입술에 의해 지배되고 있다"라는 말이 있습니다. 말은 우리를 죽일 수도 있고 살릴 수도 있습니다. 말이 우리의 미래를 결정합니다. 그러므로 우리는 복된 미래를 창조하는 언어생활을 해야 합니다.

복된 미래를 창조하는 언어생활

1. 하나님을 찬양하는 말

그렇다면 우리가 입으로 할 수 있는 최상의 일이 무엇입니까?

그러므로 우리는 예수로 말미암아 항상 찬송의 제사를 하나님께 드리자 이는 그 이름을 증언하는 입술의 열매니라 히 13:15

하나님을 찬양하는 것보다 더 가치 있는 일은 없습니다. 하나님께 감사를 표현하십시오. 하나님의 영광을 높이는 찬양을 마음속으로 드리십시오. 예수님께 여러분의 사랑을 고백하십시오. 우리의 영혼이 살고, 건강해지고, 감사가 충만한 삶이 될 것입니다.

주의 인자하심이 생명보다 나으므로 내 입술이 주를 찬양할 것이라 이러므로 나의 평생에 주를 송축하며 주의 이름으로 말미암아 나의 손을 들리이다 골수와 기름진 것을 먹음과 같이 나의 영혼이 만족할 것이라 나의 입이 기쁜 입술로 주를 찬송하되 내가 나의 침상에서 주를 기억하며 새벽에 주의 말씀을 작은 소리로 읊조릴 때에 하오리니 주는 나의 도움이 되셨음이라 내가 주의 날개 그늘에서 즐겁게 부르리이다 시 63:3-7

시인은 광야와 같은 메마른 삶, 빈곤과 궁핍과 핍박이 있는 상황에서도 하나님의 인자하심이 가장 소중하다는 것을 고백합니다. 고통스럽고 굶주림 가운데 있지만 하나님께 찬양을 드리는 것이 기름진 것을 먹는 것과 같다고 말합니다. 우리도 이 같은 체험이 있어야 합니다. 이 감격을 느껴야 합니다. 하나님을 찬양하고 높이는 가운데 얻는 신비한 감격으로 살아가야 합니다. 하나님을 높이고 찬양하는 말과 찬양을 통해서 세상이 줄 수 없는 놀라운 감격을 경험해야 합니다.

2. 생명을 살리는 말

우리의 말이 그토록 힘이 있고 우리의 운명을 결정한다면 말 한마디 한마디가 너무나 중요합니다. 그래서 우리는 생명을 살리는 말을 해야 합니다. 예수님은 죽음의 권세를 몰아내고 생명을 살리는 말씀을 하셨습니다. 예수님이 나인 성에 가셨을 때 어느 장례 행렬과 만납니다. 과부의 아들이 죽어 그 시신을 옮기는 절망과 눈물의 행렬이었습니다. 그때 예수님은 과부를 보시고 불쌍히 여기시며 울지 말라고 하셨습니다. 그리고 말씀하셨습니다.

가까이 가서 그 관에 손을 대시니 멘 자들이 서는지라 예수께서 이르시되 청년아 내가 네게 말하노니 일어나라 하시매 눅 7:14

예수님의 말씀에 죽은 자가 일어났습니다. 예수님의 말씀은 생명을 살리는 말씀이었습니다. 생명을 살리는 말씀은 오직 예수님만 할 수 있는 것입니까? 아닙니다. 예수님을 믿는 자들도 할 수 있습니다. 이스라엘 욥바에 예수님을 잘 믿던 제자 다비다가 있었습니다. 그녀는 선행과 구제에 힘쓰는 귀한 신앙인이었습니다. 그런데 그녀가 병들어 죽었습니다. 그 시신을 씻어 다락에 뉘였을 때 베드로가 왔습니다.

베드로가 사람을 다 내보내고 무릎을 꿇고 기도하고 돌이켜 시체를 향하여 이르되 다비다야 일어나라 하니 그가 눈을 떠 베드로를 보고 일어나 앉는지라 행 9:40

그리고 베드로의 기도, 즉 베드로의 생명을 살리는 말에 다비다가 다시 살아났습니다. 이것이 성도의 능력이요, 힘입니다.

우리는 예수님처럼, 베드로처럼 생명을 살리는 말을 해야 합니다. 우리가 어떻게 그럴 수 있습니까? 예수님께서 우리의 선한 의지와 믿음을 보시고 우리에게 그런 능력을 주십니다. 예수님을 믿는 자는 예수님이 하신 일을 하고, 그보다 더 큰일도 할 수 있다고 하셨습니다(요 14:12). 이 엄청난 사실을 믿습니까?

계속해서 예수님은 이렇게 말씀하셨습니다.

내 이름으로 무엇이든지 내게 구하면 내가 행하리라 요 14:14

예수님의 이름으로 기도하십시오. 한 생명을 사랑하고 아끼는 우리의 정성을 보고 주님께서 생명을 살리는 기적을 베풀어주실 것입니다.

3. 미래를 창조하는 말

말은 사람의 인생을 결정합니다. 믿음의 언어는 기적을 만들어냅니다. 그렇다면 우리는 미래의 축복과 성취를 창조하는 말을 해야 합니다.

예수님은 말씀을 통해 평범하게 살던 사람들을 세상을 구할 사도로 바꿔주셨습니다.

말씀하시되 나를 따라오라 내가 너희를 사람을 낚는 어부가 되게 하리라 하시니 마 4:19

물고기를 잡던 어부들에게 천하보다 귀한 영혼들을 인도하는 사람이 되라고 하셨습니다. 말씀 한마디로 그들의 미래를 바꿔 주셨습니다. 이처럼 미래를 창조하는 말이 중요합니다.

미국의 심리학자 마틴 셀리그만은 "우울증에 걸린 사람들은 '내가 잘못했어'와 같은 부정적인 언어 습관을 갖고 있다. 인생에서 능력이나 재능보다 더 중요한 변수가 플러스 언어 습관이다. 한 사람의 말이 그 사람이 성공하는 데 결정적인 역할을 한다"라고 말했습니다.

능력이나 재능은 인생을 살아가는 데 매우 중요합니다. 그러나 그가 많은 사람들을 만나서 상담해본 결과, 능력이나 재능보다 언어 습관이 인생에 더 중요한 역할을 한다는 것을 알았습니다.

어느 대뇌 학자는 뇌 세포의 98퍼센트가 말의 지배를 받는다고 주장했습니다. 말에는 행동을 유발하는 신비한 힘이 있어서 일단 말을 하면 행동으로 이어진다는 것입니다. 그렇다면 어떻게 말해야 합니까? "할 수 있어"라고 말해야 합니까? "할 수 없어"라고 말해야 합니까? 반드시 해야 할 일이라면 당연히 "나는 할 수 있어"라고 말해야 합니다. 성공한 사람들에게는 성공적인 생각 습관, 성공적인 언어 습관이 있다고 합니다. 그들의 말은 늘 확신에 차 있고 긍정적이고 낙관적입니다. 성공했기 때문에 긍정적인 말을 하는 것이 아닙니다. 처음부터 성공이 담긴 말을 했기 때문에 성공한 것입니다.

될 수 있으면 부정적인 말, 핑계와 자기 합리화, 남 탓과 불평은 삼가십시오. 부정적인 말과 비관은 다른 사람이 아니라 자기자신부터 주눅 들게 합니다. 이제부터 여러분의 미래를 창조하는 말을 하십시오. 긍정적인 꿈을 말하고 소망하는 일들을 말해 보십시오.

4. 격려와 용기를 주는 말

믿음이 강한 우리는 마땅히 믿음이 약한 자의 약점을 담당하고 자기를 기쁘게 하지 아니할 것이라 우리 각 사람이 이웃을 기쁘게 하되 선을 이루고 덕을 세우도록 할지니라 롬 15:1,2

성경은 믿음의 사람들이 약한 자의 약점을 담당하라고 말씀합니다. 자기를 기쁘게 하는 것이 아니라 타인을 기쁘게 하라는 것입니다. 그들이 선을 이루고 덕을 세우도록 도우라고 합니다.

그렇다면 우리는 주변 사람들을 어떻게 도울 수 있을까요? 한때 나라를 들썩이게 했던 탈옥수 신창원이라는 사람이 있었습니다. 그는 《신창원 907일의 고백》이라는 책에서 이렇게 고백했습니다.

"지금 나를 잡으려고 군대까지 동원하며 엄청난 돈을 쓰는데, 나 같은 놈이 태어나지 않는 방법이 있다. 내가 초등학교 때 선생님이 '넌 착한 놈이야'라고 머리 한 번만 쓰다듬어주었으면 여기까지 오지 않았을 것이다. 5학년 때 선생님이 '새끼야, 돈 안 가져왔는데 뭐 하러 학교 와? 빨리 꺼져!'라고 소리쳤는데, 그때부터 마음속에 악마가 생겼다."

물론 범죄자의 말을 액면 그대로 다 믿을 수는 없습니다. 특히 자기 잘못을 남의 탓으로 돌린 말을 신뢰할 수는 없습니다. 하지만 생각해볼 일입니다. 만일 선생님이 그를 사랑으로 품어주고 격려해주었다면 어떻게 되었을까요? 그가 정말 범죄자의 길로 들어서지 않았을지도 모를 일입니다.

우리는 어떤 말을 해야 합니까? 다른 이들에게 사랑을 심어주는 말, 힘과 용기를 주는 말, 격려와 위로의 말, 생명을 심는 말을 해야 합니다. 그것이 다른 이들을 살리고 더불어 나 자신을 살리는 일입니다. 비난은 상처로 돌아오고 칭찬은 영광으로 돌아옵니다.

지금 이 순간에도 여러분의 따뜻한 눈길과 격려의 한마디를 애타게 기다리는 사람이 있습니다. 격려는 돈으로 줄 수 없는 큰 기쁨을 줄 수 있습니다. 사랑의 언어로, 격려와 위로로 여러분

주변의 사람들이 환하게 웃을 수 있게 해보십시오.

인간은 말의 지배를 받고 삽니다. 우리가 매일 하는 사소한 말도 대단히 중요합니다. 그 사소한 말이 우리의 운명을 지배할 수 있기 때문입니다. 따라서 우리는 말을 신중하게 가려서 해야 합니다. 믿음의 언어생활을 해야 합니다. 믿음의 언어생활이 나의 체질을 바꾸어줍니다. 게으른 사람이 부지런한 사람으로, 의심하는 사람이 확신의 사람으로, 초라한 인생이 위대한 인생으로 바뀝니다.

말씀의 대언자로 말하라

우리는 이제 하나님 말씀의 대언자로 말해야 합니다. 엘리야 선지자가 북이스라엘의 아합 왕에게 말했습니다.

내 말이 없으면 수년 동안 비도 이슬도 있지 아니하리라 왕상 17:1

40년간 광야 생활을 하다가 가나안 땅에 들어와서 농사를 짓던 이스라엘 백성들은 하나님을 믿으면서도 농사를 짓기 위해서는 바알을 섬겨야 한다고 생각했습니다. 그래서 하나님께서 농사와 자연을 주관하시는 신이심을 분명히 보여주시기 위해 엘리야 선지자에게 이런 명령을 하신 것입니다.

그런데 이 말처럼 이스라엘에 3년 6개월 동안 정말 비가 오지 않았습니다. 어떻게 엘리야의 말이 그대로 이루어졌습니까? 이 말은 엘리야가 한 말이지만, 하나님의 명령을 받고 한 말이니 결국 하나님의 말씀입니다. 엘리야가 하나님의 말씀을 전했기 때문에 그 말씀대로 비가 오지 않은 것입니다.

여기에 놀라운 영적 원리가 있습니다. 엘리야만이 아닙니다. 우리도 엘리야처럼 하나님의 말씀의 대언자로 말해야 합니다. 우리도 하나님의 말씀을 대언할 때 놀라운 기적을 일으킬 수 있습니다. 우리 또한 하나님의 대언자라는 사실을 잊지 말고 하나님의 말씀을 전해야 합니다.

하나님의 말씀을 대언하는 일은 생명을 살릴 수도 있고 죽일 수도 있습니다. 이 얼마나 놀랍고 충격적인 일입니까. 에스겔의 환상을 보면, 하나님의 말씀에 따라 에스겔이 그대로 대언하자 마른 뼈들이 살아 일어나 큰 군대를 이룹니다.

또 내게 이르시되 인자야 너는 생기를 향하여 대언하라 생기에게 대언하여 이르기를 주 여호와께서 이같이 말씀하시기를 생기야 사방에서부터 와서 이 죽음을 당한 자에게 불어서 살아나게 하라 하셨다 하라 이에 내가 그 명령대로 대언하였더니 생기가 그들에게 들어가매 그들이 곧 살아나서 일어나 서는데 극히 큰 군대더라

겔 37:9,10

우리가 하나님의 대언자로서 생명을 살리는 말을 하는 것은 너무나 당연합니다. 그러나 우리의 혀와 입으로 생명을 살리기보다 사람들을 시련과 좌절 가운데 빠뜨릴 때가 많습니다. 사람이 무기로만 살인을 하는 것이 아닙니다. 말로도 살인을 합니다. 말로 사람의 심령을 긁고 피폐하게 만듭니다. 그때 혀는 "쉬지 아니하는 악이요 죽이는 독"(약 3:8)입니다.

우리는 얼마든지 하나님의 말씀을 대언함으로써 사람들에게 생명과 축복과 은혜를 전할 수 있습니다. 거꾸로 하나님의 형상대로 지음받은 사람을 저주할 수도 있습니다. 하나님의 복과 기적을 체험하려면 생명을 살리는 말을 해야 합니다. 은혜를 전하고 꿈을 심어주는 말을 해야 합니다. 용기를 주고 도전할 수 있도록 격려의 말을 해야 합니다. 상처를 받았다고 해서 자신의 감정을 다 쏟아내면서 말해도 안 됩니다. 우리는 '하나님의 말씀을 하는 것같이' 말해야 합니다.

만일 누가 말하려면 하나님의 말씀을 하는 것같이 하고 누가 봉사하려면 하나님이 공급하시는 힘으로 하는 것같이 하라 이는 범사에 예수 그리스도로 말미암아 하나님이 영광을 받으시게 하려 함이니 그에게 영광과 권능이 세세에 무궁하도록 있느니라 아멘

벧전 4:11

엘리야는 하나님의 말씀을 대언함으로 3년 6개월 동안 비가 오지 않게 했습니다. 에스겔은 하나님의 말씀을 대언함으로써 마른 뼈들이 일어나 생명을 얻고 큰 군대가 되게 했습니다. 우리도 하나님의 말씀을 대언함으로 생명을 살려야 합니다. 하늘의 평화를 전해야 합니다. 예수님께서 이루신 십자가의 사랑을 전해야 합니다. 무엇보다 예수님에 관해 말하고, 예수님의 십자가에 대해서 말하면 우리가 전한 복음을 통해서 많은 사람들이 영원한 생명을 얻게 될 것입니다.

예수님의 언어생활

말씀으로 오신 예수님은 그분의 말씀대로 능력 있는 삶을 사셨다. 우리는 주님을 따라 하나님을 찬양하고 생명을 살리고 미래를 창조하고 격려와 위안을 주는 말을 함으로써 하나님의 말씀을 대언하는 자가 되어야 한다.

1 길르앗 사람 입다는 큰 용사였으니 기생이 길르앗에게서 낳은 아들이었고 2 길르앗의 아내도 그의 아들들을 낳았더라 그 아내의 아들들이 자라매 입다를 쫓아내며 그에게 이르되 너는 다른 여인의 자식이니 우리 아버지의 집에서 기업을 잇지 못하리라 한지라 3 이에 입다가 그의 형제들을 피하여 돕 땅에 거주하매 잡류가 그에게로 모여 와서 그와 함께 출입하였더라 4 얼마 후에 암몬 자손이 이스라엘을 치려 하니라 5 암몬 자손이 이스라엘을 치려 할 때에 길르앗 장로들이 입다를 데려오려고 돕 땅에 가서 6 입다에게 이르되 우리가 암몬 자손과 싸우려 하니 당신은 와서 우리의 장관이 되라 하니 7 입다가 길르앗 장로들에게 이르되 너희가 전에 나를 미워하여 내 아버지 집에서 쫓아내지 아니하였느냐 이제 너희가 환난을 당하였다고 어찌하여 내게 왔느냐 하니라 8 그러므로 길르앗 장로들이 입다에게 이르되 이제 우리가 당신을 찾아온 것은 우리와 함께 가서 암몬 자손과 싸우게 하려 함이니 그리하면 당신이 우리 길르앗 모든 주민의 머리가 되리라 하매 9 입다가 길르앗 장로들에게 이르되 너희가 나를 데리고 고향으로 돌아가서 암몬 자손과 싸우게 할 때에 만일 여호와께서 그들을 내게 넘겨주시면 내가 과연 너희의 머리가 되겠느냐 하니 10 길르앗 장로들이 입다에게 이르되 여호와는 우리 사이의 증인이시니 당신의 말대로 우리가 그렇게 행하리이다 하니라 11 이에 입다가 길르앗 장로들과 함께 가니 백성이 그를 자기들의 머리와 장관을 삼은지라 입다가 미스바에서 자기의 말을 다 여호와 앞에 아뢰니라

13

최악의 상황에서
한계를 극복하라

_____ 독수리가 날 수 있는 곳

소설가 제임스 애그레이의 《날고 싶지 않은 독수리》에 나오는
이야기입니다.

어떤 사람이 독수리 새끼를 잡아다가 닭장 안에 넣고 키웠습
니다. 독수리는 닭장 안에서 주인이 주는 모이만 먹고 편하게 지
냈습니다. 그러다보니까 독수리가 자라서도 좀처럼 날려고 하
지 않았습니다.

어느 날 이 모습을 본 동물학자가 독수리라면 분명히 날 거라
고 주장했습니다. 그는 독수리를 날게 하려고 지붕 위에 올려놓
았습니다. 그런데 지붕에 있던 독수리가 날지 않고 종종거리며
내려왔습니다. 그는 다시 독수리를 데리고 높은 산으로 올라가

독수리가 걸어 내려오기 힘든 높은 바위 끝에 올려놓았습니다. 그러자 독수리는 난생 처음 보는 대자연을 바라보며 무슨 결심이라도 한 듯이 큰 날개를 활짝 펴고 날기 시작했습니다. 금세 지평선을 향해 훨훨 날아갔습니다.

독수리가 날갯짓을 한 곳은 높은 산 가파른 바위 끝이었습니다. 독수리가 자신을 독수리로 인식한 곳은 닭장도 지붕 위도 아닌 산꼭대기 바위 끝이었습니다. 이것이 무엇을 의미합니까? 하나님께서는 인간이 인간답게, 하나님의 형상을 닮은 사람으로 살게 하시려고 때로는 우리를 위험하고 가파른 벼랑 끝 바위에 올려놓으십니다. 우리는 그것을 '역경'이라고 하기도 하고, '고난'이라고 부르기도 하고, '아픔'이라고도 합니다. 그러나 그 바위는 불우한 과거를 청산하는 출발점이요, 위대한 성취를 이뤄내는 관문입니다.

불우한 환경에서 꽃피운 인생

출애굽한 이스라엘 백성들이 하나님께서 약속하신 가나안 땅에 정착해서 첫 번째 왕을 세울 때까지 약 200년을 사사 시대라고 합니다. 이때 사람들이 다 자기 좋을 대로 살다보니까 백성 간에 분쟁이 끊이지 않았습니다. 백성들에게는 이 문제들을 재판해줄 지도자, 외적의 침입에서 지켜줄 지도자가 필요했습니다. 그래서 그때마다 하나님의 영감에 감동된 지도자들이 나타나 위기를 넘겼습니다. 백성들의 재판을 관장하고 전쟁을 승리로 이끄는 지도자를 '사사'(士師)라고 불렀습니다. 사사는 왕이 없던 시대에 왕과 같은 역할을 감당했던 최고 지도자였습니다.

이 같은 사사 시대에 요단 동편 길르앗 지역에서 입다가 태어났습니다. 그런데 그의 아버지 이름도 길르앗이었습니다. 그가 사는 지역과 아버지 이름이 같았습니다. 서울의 거리를 생각해 보면 이해가 쉬운데, 세종로, 을지로, 충무로 등 큰 업적을 남긴 사람의 이름을 따서 거리 이름을 지었습니다. 그리고 그 시대에도 알렉산더 대왕의 이름을 딴 알렉산드리아, 콘스탄틴 대제의 이름을 딴 콘스탄티노플, 가이사의 이름을 딴 가이사랴 등 세력가의 이름을 따서 지명을 삼았습니다. 그러니까 입다의 아버지 길르앗이 길르앗 지역에서 영향력이 있는 사람이었을 거라고 추측할 수 있습니다.

그런데 입다를 낳은 어머니는 기생이었습니다. 히브리어 원문으로 보면 "돈을 벌기 위해 자리를 옮겨가며 윤락 행위를 하는 창녀"를 뜻합니다. 입다는 얄궂게도 비천한 창녀의 아들로 태어났습니다. 태생적 한계가 있었던 것입니다. 요즘 같으면 그렇게 큰 문제가 아니었을지 모릅니다. 그러나 가부장적 윤리가 지배하는 시대에 그의 인생은 낙오자로 결정된 것과 마찬가지였습니다. 그의 아픔은 거기서 그치지 않았습니다. 입다는 본 부인의 아들인 배다른 형제들로부터 학대를 받았고, 살던 집에서도 쫓겨났습니다.

길르앗 사람 입다는 큰 용사였으니 기생이 길르앗에게서 낳은 아들이었고 길르앗의 아내도 그의 아들들을 낳았더라 그 아내의 아들들이 자라매 입다를 쫓아내며 그에게 이르되 너는 다른 여인의 자식이니 우리 아버지의 집에서 기업을 잇지 못하리라 한지라
삿 11:1,2

처량하게 쫓겨난 입다는 신세를 한탄하며 못된 행실로 사람들을 괴롭힐 수도 있었습니다. 그러나 입다는 그렇게 하지 않았습니다. 자신의 불우한 환경에 기죽지 않았습니다. 그런 입다의 됨됨이가 알려지면서 억울한 사람들이 그에게 몰려들었습니다.

이에 입다가 그의 형제들을 피하여 돕 땅에 거주하매 잡류가 그에게로 모여 와서 그와 함께 출입하였더라 삿 11:3

'잡류'라는 표현은 그 시대에 힘없는 기층민을 표현한 말입니다. 돈이 없고 배경도 없어서 치이기만 하는 소외된 사람들이 입다의 보호를 받았다는 뜻입니다.

얼마의 시간이 흘렀습니다. 주류 사회에서는 완전히 잊힌 불

운아 입다가 주류 사회의 지도자가 되는 결정적인 사건이 일어납니다. 암몬 자손이 이스라엘을 치러 올라왔습니다. 위기에 처한 길르앗의 장로들은 입다의 도움을 받는 것 말고는 다른 해결책이 없음을 알았습니다. 창녀의 아들 입다를 내쳤던 길르앗의 장로들은 입다에게 머리를 숙였습니다. 입다는 이 전쟁을 승리로 이끌면 길르앗 사람들이 자신을 길르앗의 최고 지도자로 섬길 것이라는 약속을 받아내고 결국 큰 승리를 거둬 이스라엘의 최고 지도자인 사사가 되었습니다.

입다는 이렇듯 불우한 환경을 극복한 영웅입니다. 입다의 삶을 통해서 우리 또한 불우한 환경을 극복하는 방법을 배워야 합니다.

한계를 극복하는 비전

사람들은 자신의 환경이 어려우면 이런저런 핑계를 대기에 바쁩니다. 남의 탓을 하기 바쁩니다. 그리고 비뚤어진 길을 갑니다. 남에게 적대감을 쏟아내고 반항합니다. 결국은 그것이 자신을 더 비참하게 만듭니다. 그런데 입다는 그렇게 살지 않았습니다. 자신의 출신 때문에 천덕꾸러기 대접을 받았지만 자신의 소중한 꿈을 한시도 잊지 않았습니다. 그에게는 비전이 있었습니다. 그것을 어떻게 알 수 있습니까?

입다가 길르앗 장로들에게 이르되 너희가 나를 데리고 고향으로 돌아가서 암몬 자손과 싸우게 할 때에 만일 여호와께서 그들을 내게 넘겨주시면 내가 과연 너희의 머리가 되겠느냐 하니 삿 11:9

입다는 길르앗의 장로들에게 전쟁에서 승리하면 자신을 정말 지도자로 세울 것인지 확인합니다. 만약 입다가 자신의 비천한 신분 때문에 자포자기하며 살았다면 어떻게 이런 말을 하겠습니까? 말은 자기 생각의 표현입니다. 이런 말을 했다는 것은 입다가 비천한 신분에도 불구하고 지도자가 될 미래를 그렸음을 보여줍니다. 기회가 오자 그 생각을 당당히 밝힌 것입니다.

성경에 등장하는 인물 가운데 가장 열정적으로 비전을 불태운 사람은 사도 바울입니다. 그는 비전에 목숨을 건 사람이었습니다. 그런 사람의 열정은 세상의 역사를 바꿔놓습니다. 바울은 빌립보서 1장 20절에서 이렇게 고백합니다.

나의 간절한 기대와 소망을 따라 아무 일에든지 부끄러워하지 아니하고 지금도 전과 같이 온전히 담대하여 살든지 죽든지 내 몸에서 그리스도가 존귀하게 되게 하려 하나니 빌 1:20

바울이 이 편지를 쓸 때 그는 감옥에 갇혀 있었습니다. 이유가 어떻든지 부끄럽다면 부끄럽고, 괴롭다면 괴로운 삶이었습니다.

그런데 바울은 그 상황에 개의치 않습니다. 살든지 죽든지 예수님만 존귀하게 되면 된다는 비전을 불태웠습니다.

미국의 32대 대통령 프랭클린 루스벨트는 "내일의 성취는 오늘의 비전과 꿈으로 결정된다. 우리 마음속에 있는 공포심 외에는 두려워할 것이 없다"라고 말했습니다. 미래에 대한 비전이 있는 사람은 결코 좌절하지 않습니다. 자신이 이뤄야 할 미래 때문에 함부로 행동하지 않습니다.

입다도 생각 같아서는 자신들을 찾아온 길르앗 장로들에게 면박을 주고 싶었을지도 모릅니다.

입다가 길르앗 장로들에게 이르되 너희가 전에 나를 미워하여 내 아버지 집에서 쫓아내지 아니하였느냐 이제 너희가 환난을 당하였다고 어찌하여 내게 왔느냐 하니라 삿 11:7

"그래, 이놈들. 나를 그렇게 괄시하고 비웃더니 꼴좋다. 어디 혼 좀 나봐라."

그러면서 그들이 망하는 것을 지켜볼 수도 있었을 것입니다. 그러나 입다의 비전은 자신을 천대했던 고향 사람들이 이민족에게 약탈당하는 것이 아니라 그들을 지켜주는 지도자가 되는 것이었습니다.

지금 삶이 너무 고단합니까? 남보다 더 잔혹한 환경 가운데 있다고 탄식하고 있습니까? 불우했던 입다, 고향에서 쫓겨났던 입다와 같은 처지입니까? 그렇다면 이제 지도자가 되어 돌아온 입다를 생각하십시오. 그리고 꿈을 꾸십시오. 비전을 가다듬으십시오. 환경을 극복하는 목표를 세우십시오. 하나님을 믿는 사람은 상황에 기죽지 않고 한계를 극복하며 비전을 불태우는 사람입니다. 각자의 소망과 비전을 통해서 입다처럼 불우한 환경을 극복하는 신앙인이 되기를 바랍니다.

믿음의 사람, 기도의 사람

입다가 어려운 환경 가운데서도 일어설 수 있었던 것은 그가 신앙의 사람이었고, 기도하는 사람이었기 때문입니다. 입다의 믿음을 어떻게 확인할 수 있습니까?

입다는 "전쟁에서 내가 이기면"이라고 말하지 않았습니다. "만일 여호와께서 그들을 내게 넘겨주시면"(삿 11:9)이라고 말합니다. 이것은 하나님을 믿는 사람의 말입니다. 이어지는 11절에서도 입다의 믿음을 볼 수 있습니다. 입다는 길르앗의 지도자가 되자 곧 자신에게 일어난 모든 일을 하나님께 다 아뢰었습니다. 순전한 기도를 했다는 것입니다.

이에 입다가 길르앗 장로들과 함께 가니 백성이 그를 자기들의 머

리와 장관을 삼은지라 입다가 미스바에서 자기의 말을 다 여호와 앞에 아뢰니라 삿 11:11

믿음의 사람들을 기록한 히브리서에서도 입다가 언급됩니다.

내가 무슨 말을 더 하리요 기드온, 바락, 삼손, 입다, 다윗 및 사무엘과 선지자들의 일을 말하려면 내게 시간이 부족하리로다 히 11:32

입다가 다윗이나 사무엘만큼 믿음이 있는 사람으로 소개됩니다. 그래서 믿음이 있는지 없는지가 중요하지, 상황이 어려운지 아닌지가 중요한 것은 아닙니다. 믿음은 사람의 중심을 잡아줍니다. 어려운 환경 가운데서 흔들리지 않게 해줍니다. 성경은 믿음을 가지고 오래 참는 자들에게 약속을 기업으로 주신다고 말씀합니다.

믿음과 오래 참음으로 말미암아 약속들을 기업으로 받는 자들을 본받는 자 되게 하려는 것이니라 히 6:12

강남에 사는 한 부잣집 딸이 중고생들의 돈을 빼앗다가 경찰에 붙잡혔습니다. 그 아이의 한 달 용돈이 200만 원이었다고 합니다. 누군가 힘들게 일해서 버는 월급에 해당하는 큰 돈입니다.

그런데 그 아이는 용돈이 모자라서 범행을 저지른 것입니다. 그 소식이 알려지자 어느 여중생이 편지를 보냈습니다. 그 편지가 신문에 실렸습니다.

언니에게. 나는 7평 임대 아파트에 사는 여중생이야. 우리 아버지는 사업 실패로 자살을 하셨어. 그래서 우리 가족은 지하도에서 노숙을 하다가 지금은 월세 4만 원짜리 집에 살고 있어. 어머니는 우리를 키우기 위해 안 해보신 일이 없어. 하지만 언니, 우리는 신앙으로 살았어. 그 때문인지는 몰라도 이런 안 좋은 상황에서도 오빠는 명문대에 합격했고, 나도 초등학교를 수석으로 졸업했어. 언니는 너무나 좋은 환경에서 자라고 있는 것 같아. 그러니 마음을 돌이키고 성실하게 살아가면 밝은 미래가 있을 거야. 언니, 절대로 좌절하지 마.

이 편지의 내용을 읽으면서 제가 더 떨렸습니다. 아직 어린 중학생이 감당하기 힘든 환경 가운데서도 "신앙으로 살았다"는 고백을 했기 때문입니다. 저는 '어려도 신앙이 무엇인지 알고 있구나' 하며 감탄했습니다. 신앙이 있으면 혹독한 환경을 극복할 수 있습니다. 신앙이 있을 때 우리는 소망을 이룰 수 있고, 하나님께서 주시겠다고 하신 기업을 받을 수 있습니다.

삶이 어렵습니까? 숨쉬기도 힘이 듭니까? 신앙의 사람이 되십시오. 주님을 믿는 것 말고는 아무것도 할 수 없을 때가 있습니다. 그때 내가 뭔가를 하는 것보다 하나님께 맡기면 더 확실하게 해결되는 것을 경험합니다.

나는 내 활을 의지하지 아니할 것이라 내 칼이 나를 구원하지 못하리이다 오직 주께서 우리를 우리 원수들에게서 구원하시고 우리를 미워하는 자로 수치를 당하게 하셨나이다 시 44:6,7

믿음의 사람이 되십시오. 기도하는 사람이 되십시오. 믿음으로 입다처럼 불우한 환경을 극복하고, 자신의 소망을 성취하는 신앙인이 되기를 바랍니다.

최악의 조건에서 최고를 준비하자

입다는 기생의 아들이라는 멸시를 당하다가 집에서 쫓겨나는 최악의 상황을 겪었습니다. 하지만 그는 최악의 조건에서 최고를 준비했습니다. 돕 지역에 있던 입다에게 모여든 사람들은 주류 사회에서 상처를 입은 소외 계층이었습니다. 강한 자들에게 기본권을 빼앗긴 사람들, 힘껏 달려보지만 결과가 빤한 사람들, 인권을 유린당하고 아파하는 사람들이었습니다. 입다는 그런 사람들의 상처를 어루만져주었습니다. 미천한 출신 때문에 자신이 겪었던 아픔을 떠올리면서 입다는 상처투성이 사람들을 격려했을 것입니다. 그렇게 소외된 사람들의 억울한 일들을 해결해주면서 차츰 그의 지도력이 두드러지게 되었습니다.

칭기즈칸은 "나의 손을 잡으라. 그러면 너를 보석으로 만들어주겠다"라는 말로 동족들을 규합했고, 약속한 대로 행해서 피폐한 몽골을 거대한 제국으로 만들었습니다. 입다도 힘없는 자들의 손을 잡아주었습니다. 입다의 리더십은 날이 갈수록 커졌습니다.

또 이스라엘이 위급한 상황에 처하자 길르앗 장로들이 입다를 찾아와 머리 숙여 지도자가 되어달라고 사정한 것을 보면, 입다의 됨됨이가 나라 곳곳으로 퍼져나갔다는 것을 알 수 있습니다. 또 자신을 추종하는 사람들을 무장시켜서 유사시에 나라를 위기에서 구할 준비를 했을 것입니다.

입다는 자신을 쫓아낸 고향 마을을 향해 이를 가는 사람이 아니라 최악의 상황에서 국가의 장래와 자신의 미래를 준비한 사람이었습니다. 얼마나 멋진 인생입니까? 최악의 조건에서 최고를 준비한 인생이라고 할 수 있습니다. 자신을 아프게 하는 상황도 약으로 쓰는 지혜, 자신에게 수치를 준 사건도 발전의 기회로 삼는 지혜가 있었던 것입니다.

고난당한 것이 내게 유익이라 이로 말미암아 내가 주의 율례들을

배우게 되었나이다 시 119:71

어려움과 역경도 발전의 자양분으로 삼는 지혜자의 고백입니다. 지금 최악의 상황에 있다고 생각합니까? 우리는 밤이 깊을수록 새벽이 가깝다는 것을 잊지 말아야 합니다. 최악의 조건에서 최고를 준비하는 신앙인이 되십시오. 그 옛날 모진 수모를 받으며 남몰래 눈물 흘렸을 입다를 생각하십시오. 그리고 그런 입다가 최악의 조건에서 최고를 준비해서 민족을 위기에서 구하고 민족의 지도자 사사가 되었다는 사실을 기억하십시오.

그리스도인 가운데 위기에 처한 이 나라와 민족을 구할 훌륭한 지도자가 많이 나와야 합니다. 어렵고 힘든 상황에서도 모든 장애를 극복하고 위대한 지도자가 된 입다 같은 인물들이 많이 세워져야 합니다. 상황에 기죽지 말고 환경에 숨죽이지 마십시오. 신세를 한탄하지 마십시오. 한계를 극복하는 참된 신앙인으로 살기를 바랍니다.

한계를 극복한 입다

입다는 불우한 환경에서도 좌절하지 않고 환경을 탓하지 않았다. 그런 입다에게 사람들이 모여들었고 마침내 그는 이스라엘의 최고 지도자가 되었다. 우리는 최악의 환경에서도 최고를 준비한 입다처럼 한계를 극복하는 사람이 되어야 한다.

PART 4

하나님의 자녀가
누리는 복

12 어떤 사람이 다윗 왕에게 아뢰어 이르되 여호와께서 하나님의 궤로 말미암아 오벧에 돔의 집과 그의 모든 소유에 복을 주셨다 한지라 다윗이 가서 하나님의 궤를 기쁨으로 메고 오벧에돔의 집에서 다윗 성으로 올라갈 새 13 여호와의 궤를 멘 사람들이 여섯 걸음을 가매 다윗이 소와 살진 송아지로 제사를 드리고 14 다윗이 여호와 앞에서 힘을 다하여 춤을 추는데 그때에 다윗이 베 에봇을 입었더라 15 다윗과 온 이스라엘 족속이 즐거이 환호하며 나팔을 불고 여호와의 궤를 메어오니라 16 여호와의 궤가 다윗 성으로 들어올 때에 사울의 딸 미갈이 창으로 내다보다가 다윗 왕이 여호와 앞에서 뛰놀며 춤추는 것을 보고 심중에 그를 업신여기니라 … 20 다윗이 자기의 가족에게 축복하러 돌아오매 사울의 딸 미갈이 나와서 다윗을 맞으며 이르되 이스라엘 왕이 오늘 어떻게 영화로우신지 방탕한 자가 염치없이 자기의 몸을 드러내는 것처럼 오늘 그의 신복의 계집종의 눈앞에서 몸을 드러내셨도다 하니 21 다윗이 미갈에게 이르되 이는 여호와 앞에서 한 것이니라 그가 네 아버지와 그의 온 집을 버리시고 나를 택하사 나를 여호와의 백성 이스라엘의 주권자로 삼으셨으니 내가 여호와 앞에서 뛰놀리라 22 내가 이보다 더 낮아져서 스스로 천하게 보일지라도 네가 말한 바 계집종에게는 내가 높임을 받으리라 한지라 23 그러므로 사울의 딸 미갈이 죽는 날까지 그에게 자식이 없으니라

14

예배는 인생 최고의
기쁨이다

___ *하나님이 받으시는 예배*

사울 왕의 죽음으로 다윗은 10년 넘게 사울 왕으로부터 추격을
받던 고통스러운 삶을 끝낼 수 있었습니다. 다윗이 통일 왕국
의 왕이 되어 바야흐로 이스라엘의 태평성대가 시작된 것입니다.
이 중요한 시기에 다윗은 한 가지가 마음에 걸렸습니다. 블레셋
에게 빼앗겼다가 돌아온 여호와의 궤가 아비나답의 집에 머물고
있었는데, 다윗은 왕궁 가까이에 여호와의 궤를 모시고 싶었습
니다. 그래서 다윗은 하나님의 궤를 가져오는 일에 3만 명을 동
원했습니다. 하나님의 궤를 새 수레에 싣고 아비나답의 집에서
나올 때 다윗과 이스라엘 백성들은 수금, 비파, 소고, 양금, 제
금 등으로 여호와 앞에서 연주했습니다.

그런데 생각하지 못한 일이 일어났습니다. 그들이 나곤의 타 작마당에 이르자 갑자기 소들이 뛰었습니다. 수레가 흔들리니 까 웃사는 황급히 하나님의 궤를 붙잡았습니다. 그러자 하나님 의 진노로 웃사가 죽고 말았습니다. 다윗과 백성들은 기겁했습 니다. 두려웠습니다. 국가적인 규모의 큰 행사가 한순간에 파장 이 되었습니다. 다윗은 하나님의 궤를 다윗 성으로 가져오는 일 을 포기하고 가드 사람 오벧에돔의 집에 메고 갔습니다.

그렇게 3개월이 지났습니다. 하나님께서 하나님의 궤로 말미 암아 오벧에돔의 집에 복을 주셨다는 소식이 다윗 왕에게 들렸 습니다. 다윗 왕은 용기를 내어 하나님의 궤를 다윗 성에 다시 옮겨오기로 했습니다. 하지만 이 일이 결코 쉬운 일이 아님을 잘 알고 있었습니다. 수많은 사람을 동원하고 거창한 행사를 준비 한다고 해서 하나님께서 마냥 즐거워하실 분이 아님을 알았습 니다.

다윗은 온 우주의 주인이신 하나님의 권위에 합당한 존경을 드리고자 엄청난 재물과 정성을 다해서 특별한 형식을 갖추었습 니다.

여호와의 궤를 멘 사람들이 여섯 걸음을 가매 다윗이 소와 살진 송 아지로 제사를 드리고 삼하 6:13

다윗이 여섯 걸음마다 제사를 드렸다고 합니다. 여섯 걸음마다 소와 송아지를 죽여 제사를 드렸다면 얼마나 많은 희생제물을 드렸겠습니까. 하나님의 궤가 지나는 길이 희생제물의 피로 홍건하고 희생제물이 번제로 태워지는 냄새와 연기로 자욱했을 것입니다. 여섯 걸음마다 희생제물을 잡고 태웠으니 시간은 또 얼마나 많이 걸렸겠습니까.

하지만 다윗은 그것만으로 하나님을 높이는 일을 끝내지 않았습니다. 다윗은 돈으로 하나님의 마음을 사려는 미신적인 생각에 의존하지 않고, 하나님과 인격적인 교제를 나누는 일에 전념했습니다.

다윗이 여호와 앞에서 힘을 다하여 춤을 추는데 그때에 다윗이 베에봇을 입었더라 삼하 6:14

다윗은 혼신의 힘을 다해 하나님 앞에서 춤을 추었습니다. '어떻게 하면 전능하신 하나님께서 이 일을 용납해주실까' 오직 그 생각만 했습니다. 하나님은 천천의 수양을 드린다 해도 자신의 마음속 동기를 감찰하시는 분이니 단 한순간도 마음에 더러운 생각을 품을 수 없었습니다. 오직 하나님만 사랑하고 하나님의 뜻에 절대 순종하겠다는 생각에만 집중했습니다.

하나님 앞에서 자신은 천하고 천한 존재이기에 왕의 권위나

명예를 지키는 것이 중요하지 않았습니다. 오직 하나님만 높임을 받으면 된다는 마음으로 다윗은 힘껏 춤을 추었습니다. 어찌나 이 생각에 골몰하며 춤을 췄는지 다윗의 속살이 드러났습니다. 이 장면을 지켜보던 미갈은 이스라엘 왕이 방탕한 사람처럼 부끄러움도 모르고 몸의 은밀한 부분을 노출시켰다고 비난했습니다. 그러나 이때 다윗은 왕이 아니라 하나님께서 찾으시는 한 사람의 예배자였습니다.

예배를 가볍게 여기지 말라

이제 다윗 성의 한 방으로 장면이 바뀝니다. 방에는 창문을 통해 바깥을 바라보는 사울의 딸 미갈이 있습니다. 다윗 왕뿐 아니라 대소신료들이 모두 동원되고, 궁중 악사들과 성전 찬양대가 전부 동원된 행사에 백성들은 흥겹게 뒤를 따랐습니다. 백성들의 환호가 다윗 성까지 들렸습니다. 왜 그렇게 사람들이 흥겨워할까 미갈은 창밖을 내다보았습니다. 한 사람이 하나님의 궤 앞에서 망측한 행동을 합니다. 춤도 춤 나름이지 어떻게 여호와의 궤 앞에서 저렇게 자신의 몸을 드러내며 춤을 추는지 이해할 수 없었습니다.

하나님을 경외하는 자가 있다면 누군가 나서서 그 망측한 자를 제지해야 하는데, 주변의 모든 사람들이 함께 흥겨워하고 있습니다. 도대체 이런 일이 벌어지고 있는 것을 다윗 왕은 아는지, 왜 빨리 조치를 취하지 않는지 생각했습니다. 그런데 자세히 보니 망측한 춤을 추는 그 사람이 다름 아닌 다윗 왕이었습니다. 순간 미갈은 춤추는 다윗을 마음으로 업신여겼습니다. 미갈은 그 마음을 감추지 못하고 모든 일을 마치고 돌아온 다윗에게 자신의 생각을 발설했습니다.

> 사울의 딸 미갈이 나와서 다윗을 맞으며 이르되 이스라엘 왕이 오늘 어떻게 영화로우신지 방탕한 자가 염치없이 자기의 몸을 드러내는 것처럼 오늘 그의 신복의 계집종의 눈앞에서 몸을 드러내셨도다 하니 삼하 6:20

왜 미갈은 다윗의 마음을 헤아리지 못하고 이렇게 독설을 퍼부었을까요? 하나님 앞에서 자신을 낮추는 거룩한 예배자의 자세를 이해하지 못하고 비난하고 경멸하는 것일까요?

미갈은 다윗만큼 신실한 예배자의 마음이 없었습니다. 그리고 다윗을 미워하는 마음이 컸을 것입니다. 미갈은 자신을 보호해줘야 할 아버지 사울과 남편 다윗에게 철저히 이용을 당했습니다. 아버지 사울 왕은 딸의 행복을 위해서 남편을 골라준 것이 아닙니다. 다윗을 죽음의 함정에 몰아넣기 위해서 블레셋 사람의 포피 백 개를 가져오면 자신의 딸을 주겠다고 했습니다.

다윗은 블레셋 사람 이백 명을 죽이고 포피를 베어서 사울 왕에게 가져왔습니다. 그리고 다윗은 미갈을 아내로 맞이함으로 권력을 얻었습니다. 그때는 미갈도 다윗을 사랑했습니다. 아버지 사울 왕이 다윗을 죽이려는 계획을 세웠을 때 미갈이 다윗을 숨겨주고 피하도록 도와주었습니다. 그것으로 짧은 결혼생활이 끝나고 긴 생이별이 시작되었습니다. 다윗은 사울 왕의 추격을 피해 10년 넘는 세월 동안 돌아오지 못했습니다.

그리고 사울 왕은 그 후 딸 미갈을 갈림에 사는 발디에게 주었습니다(삼상 25:44). 발디를 만나 재혼한 미갈은 소시민의 행복을 누리며 10여 년을 살았습니다. 그런데 그 소중한 행복이 깨졌습니다. 아버지와 오빠들이 전쟁터에서 죽고 사울 왕가가 무너졌습니다. 유다의 왕이 된 다윗은 북쪽 지파들에게 압력을 넣어서 미갈을 자신에게 데려오라고 했습니다. 미갈은 일가친척을 다 잃고 자신의 가정도 깨지는 슬픔을 맛보았습니다. 다윗에게는 이미 많은 아내들이 있었는데 왜 다윗이 자신을 데려오라고 했을까요? 미갈은 알고 있었습니다. 다윗이 자신을 사랑해서가 아니라 북쪽 지파 사람들의 반란을 잠재우려는 볼모로 자신을 붙잡아두려는 것을 알았습니다. 하지만 힘없는 미갈의 남편은 미갈을 빼앗길 수밖에 없었습니다. 사무엘하 3장 15,16절은 이렇게 묘사합니다.

이스보셋이 사람을 보내 그의 남편 라이스의 아들 발디엘에게서 그를 빼앗아 오매 그의 남편이 그와 함께 오되 울며 바후림까지 따라왔더니 아브넬이 그에게 돌아가라 하매 돌아가니라

삼하 3:15,16

이토록 가슴 시린 장면이 또 어디 있겠습니까? 미갈은 사랑하는 남편과 헤어져 다윗 성에서 볼모가 되어 생과부의 삶을 살고 있었습니다. 다윗에 대한 증오와 분노가 폭발할 듯 끓고 있었던 것입니다. 하나님께 드리는 예배보다 다윗에 대한 감정 때문에 그런 반응을 보인 것입니다.

예배의 승리가 인생의 승리를 가져온다
다윗은 미갈의 비난에 대해서 단호히 말했습니다.

다윗이 미갈에게 이르되 이는 여호와 앞에서 한 것이니라 그가 네 아버지와 그의 온 집을 버리시고 나를 택하사 나를 여호와의 백성 이스라엘의 주권자로 삼으셨으니 내가 여호와 앞에서 뛰놀리라 내가 이보다 더 낮아져서 스스로 천하게 보일지라도 네가 말한 바 계집종에게는 내가 높임을 받으리라 삼하 6:21,22

다윗이 비록 여러 가지 일에서 치밀한 계산과 정략을 펼치는 사람일지라도 하나님을 높이고 섬기는 일에는 진심이었습니다. 하나님의 영광을 높이기 위한 것이라면 비록 자신이 낮아지고 모욕을 당한다 할지라도 기꺼이 그 일을 감수했습니다. 이것이 하나님께서 다윗에게 복을 주신 이유입니다. 하지만 미갈은 죽는 날까지 자식이 없는 불행한 여인이 되었습니다. 예배를 경시한 미갈을 하나님께서 징벌하신 것입니다.

우리는 하나님께 어떻게 예배하고 있습니까? 예배가 무엇입니까? 예배는 성삼위 하나님께 경배와 찬양과 영광과 권세를 드리는 것입니다. "너희 몸을 하나님이 기뻐하시는 거룩한 산 제물로 드리라"(롬 12:1)라는 말씀처럼 예배는 우리의 몸이 제물이 되는 제사입니다. 제물은 피를 흘리고 죽습니다.

그런데 예수님께서 우리 대신 제물이 되어주셨습니다. 그래서 예배는 우리의 죽음과 새롭게 얻은 생명, 이 두 가지를 체험하게 합니다. 예배는 하나님 앞에서 죄인이 죽는 시간이며 동시에 예수 그리스도의 십자가로 말미암아 은혜 안에서 새 생명을 얻는 시간입니다. 그래서 예배는 죽음의 연기가 가득 찬 제사에 머무르지 않고, 우리를 구원하신 하나님의 은혜를 찬양하는 축제로 바뀝니다. 죽음의 엄숙함뿐 아니라 구속의 기쁨과 감격이 충만한 잔치입니다.

나의 예배 점검하기

1. 생명을 내놓는 예배

생명을 바치는 엄숙성과 거룩함으로 예배하고 있습니까? 다윗 왕은 여섯 걸음마다 소와 살진 송아지로 제사를 드렸습니다. 피 흘리며 죽는 희생제물, 불태워지는 희생제물을 말합니다. 예배는 이처럼 우리의 생명을 바치는 거룩한 예식입니다. 여러분은 예배하는 모든 시간, 우리의 생명이 죽고 그리스도를 통해서 다시 사는 엄숙함과 거룩함을 두려움 가운데 느끼고 있습니까? 예배를 가볍게 여기지 마십시오. 예배의 모든 순서마다 깊은 신학적 의미가 담겨 있습니다. 우리는 두려움 가운데 하나님을 찬양하고 예수님을 통한 구원의 은총에 그저 감사할 뿐입니다.

2. 체면을 내려놓는 예배

다윗 왕처럼 하나님만 높이기 위해서 체면을 내려놓을 수 있습니까? 하나님을 높이기 위해서 때로는 형식이나 틀에서 벗어난 예배도 드릴 수 있습니까? 그럴 수 있어야 합니다. 다윗은 방탕한 자처럼 염치없이 자신의 몸을 다 드러내며 하나님 앞에서 춤을 추었습니다. 말 그대로 꼴불견이었습니다. 하지만 하나님은 그의 중심을 보셨습니다. 예배의 형식과 틀이 거룩성을 지키는 데 중요하지만, 형식은 있는데 중심이 떠난 예배는 껍데기 예배에 지나지 않습니다. 구원의 은총을 입은 하나님의 백성들은 박수로, 춤으로, 워십댄스로, 다양한 악기 연주로 얼마든지 하나님을 예배할 수 있어야 합니다.

3. 잘못된 예배

그러나 미갈처럼 예배해서는 안 됩니다. 미갈은 상처 많은 여인이었습니다. 억울함과 증오심 때문에 다윗에게 한 말이 자신에게 재앙이 되어 돌아왔습니다. 말씀 대로 죽는 날까지 미갈에게 자식이 없었습니다. 왜 이런 징벌이 왔습니까? 상처 때문에 정성껏 하나님을 예배하는 사람을 경멸했기 때문입니다. 전심으로 하나님을 섬기는 사람을 무시했기 때문입니다. 우리는 우리의 기준으로 다른 예배자들을 판단하고 있지는 않습니까? 그들의 중심은 생각하지 않고 겉으로 드러난 것만 보고 섣불리 판단하고 있지는 않습니까? 그래서는 안 됩니다. 예배자의 중심은 오직 하나님만 아십니다. 우리가 판단할 일이 아닙니다.

오히려 미갈은 자신이 겪은 고통과 아픔을 예배를 통해서 치유받아야 할 사람이었습니다.

하나님께서 구하시는 제사는 상한 심령이라 하나님이여 상하고 통회하는 마음을 주께서 멸시하지 아니하시리이다 시 51:17

미갈이 만약 자신의 아픔을 하나님께 내어놓으며 진정한 예배자가 되었다면 비극이 아니라 희극의 주인공이 되었을 것입니다. 내 아픔 때문에, 내 상처 때문에 하나님 앞에서 뻗대지 마십시오. 통회하는 마음으로 하나님 앞에 나오십시오. 마음의 중심을 하나님께 인정받는 예배자가 되십시오. 하나님께 영광을 돌리기 위해서 스스로 낮아지는 예배자가 되십시오. 예배의 형식을 목숨만큼 소중히 여기십시오. 동시에 형식에 얽매이지 않는 역동적인 예배자가 되십시오. 자기 기준으로 다른 예배자들을 섣불리 판단하지 마십시오. 언제나 예배의 은혜를 사모하고 예배의 복을 누리십시오. 하나님을 기쁘시게 하는 예배자가 되어 구속사의 주인공이 되기를 바랍니다.

우리가 하나님께 드리는 예배는 성경 전체에서 가장 중요한 주제이며, 인간이 하나님께 드릴 수 있는 최고의 것입니다. 우리가 하나님께 드리는 예배가 하나님께서 기쁘게 받으실 만한 예배인지 점검해보아야 합니다.

모든 순간이 예배다

하나님을 제대로 예배하려면 어떻게 해야 합니까? 어떤 예배가 하나님을 기쁘시게 합니까? 우리는 먼저 하나님의 뜻을 알아야 합니다. 그러기 위해서 하나님의 말씀을 들어야 합니다. 말씀을 깊이 읽고 삶에 적용해야 합니다. 사람 사이의 관계도 그렇습니다. 알면 알수록 신기하게도 할 말이 더 많아집니다. 반대로 오랜만에 만난 친척과는 별로 할 말이 없습니다. 우리는 하나님을 깊이 알기 위해 하나님께 예배하는 시간을 간절히 사모해야 합니다.

여름이 되면 저는 휴가를 떠납니다. 잠시 쉬는 시간을 갖고 충전하는 것도 중요하지만, 제 마음을 설레게 하는 것은 미국에 있는 아들딸과 어머니를 만난다는 사실입니다. 멀리 떨어져 있어서 필요할 때 도움을 주지 못하는 것이 죄송하고 미안할 따름입니다. 잠깐이라도 만나서 맛있는 것을 사드리고 필요한 살림을 장만해주는 것이 저의 큰 기쁨입니다.

그러나 이런 기쁨과 하나님께 드리는 예배의 기쁨을 어찌 비교할 수 있겠습니까? 하나님께 예배하는 것은 하나님을 사랑하는 일이며, 친밀해지는 일입니다. 하나님을 더 자주 예배하고, 더 친밀한 관계를 만들어가기 바랍니다.

기도를 많이 하십시오. 기도는 하나님과 우리 사이의 대화입니다. 대화는 쌍방향이어야 합니다. 너무 내 말만 늘어놓지 말고 때로는 기도하면서 여백을 두십시오. 하나님의 대답을 들을 틈을 두십시오. 예수님은 이른 새벽이나 바쁜 일과 중에도 시간을 내어 하나님께 기도하셨습니다. 하나님의 뜻을 분별하면서 하나님의 마음에 맞는 일을 하셨습니다.

하나님께 예배하는 시간은 우리에게 가장 소중한 시간입니다. 그 시간에 최선을 다해서 하나님을 높이고 예배하기를 바랍니다. 그러나 하나님께 드리는 예배는 정해진 예배 시간이나 교회에서만 이루어지는 것이 아닙니다. 하나님은 우리 삶의 모든 순간에 우리의 예배를 받으시기 원하십니다. 우리는 모든 삶에서 언제나 하나님을 높여야 합니다.

♯ 하나님이 찾으시는 예배자 다윗

다윗은 하나님이 받으시는 예배를 드리기 위해 전심을 다했다. 우리는 다윗에게서 예배자의 자세를 배워야 한다. 다윗은 하나님 앞에 기뻐 뛰놀았지만, 미갈은 그런 다윗을 업신여기는 잘못된 예배를 드렸다. 우리는 어떤 예배를 드리고 있는지 점검해보고, 하나님이 기뻐하시는 예배를 드림으로써 모든 순간 예배하는 기쁨을 누려야 한다.

10 나와 함께 갇힌 아리스다고와 바나바의 생질 마가와 (이 미기에 대하여 너희가 명을 받았으매 그가 이르거든 영접하라) 11 유스도라 하는 예수도 너희에게 문안하느니라 그들은 할례파이나 이들만은 하나님의 나라를 위하여 함께 역사하는 자들이니 이런 사람들이 나의 위로가 되었느니라

15

상처는 극복하면
별이 된다

_____ *실수하지 않는 사람은 없다*

사도 바울은 골로새교회 교인들에게 쓴 편지 마지막에 문안 인
사를 합니다. 여기서 주목해볼 것은 마가에 대한 바울의 평가입
니다. 바울은 그를 "바나바의 생질 마가"(골 4:10)라고 소개하면
서 마가가 골로새에 도착하거든 가서 영접하라고 말합니다. 바
울은 마가와 함께 아리스다고와 유스도만이 하나님나라를 위
해 자신과 함께 일한 자들이고, 자신에게 큰 위로가 되어준 사
람이라고 밝힙니다.

> 나와 함께 갇힌 아리스다고와 바나바의 생질 마가와 (이 마가에
> 대하여 너희가 명을 받았으매 그가 이르거든 영접하라) 유스도라

하는 예수도 너희에게 문안하느니라 그들은 할례파이나 이들만은 하나님의 나라를 위하여 함께 역사하는 자들이니 이런 사람들이 나의 위로가 되었느니라 골 4:10,11

이것만 보면 바울이 마가를 매우 신뢰한 것을 알 수 있습니다. 그러나 성경의 전후를 살펴보면 전에는 바울과 마가의 관계가 그리 좋지 않았음을 알 수 있습니다.

사도행전 12장에서 바나바와 바울은 예루살렘 교인들의 구제를 위해 예루살렘에 갔다가 일을 마치고 돌아오는 길에 마가라 하는 요한을 데리고 안디옥으로 돌아왔습니다. 그런데 15장을 보면, 2차 전도여행을 앞두고 바울과 바나바가 심각하게 다툽니다. 그들이 다툰 이유는 다름 아닌 마가 때문이었습니다. 1차 전도여행 중에 밤빌리아라는 곳에서 예루살렘으로 돌아가버린 마가 때문에 바울은 몹시 화가 났습니다. "그렇게 제멋대로 이탈한 사람을 데리고 전도여행을 할 수 없다"는 것이 바울의 태도였습니다.

그러나 마가의 친척인 바나바는 마가를 두둔했습니다. 이 일로 바울과 바나바가 크게 다퉜고, 급기야 두 사도가 갈라섰습니다. 바나바는 마가를 데리고 배를 타고 전도여행을 떠났고, 바울은 실라를 택해 육로로 전도여행을 떠났습니다.

바나바는 마가라 하는 요한도 데리고 가고자 하나 바울은 밤빌리아에서 자기들을 떠나 함께 일하러 가지 아니한 자를 데리고 가는 것이 옳지 않다 하여 서로 심히 다투어 피차 갈라서니 바나바는 마가를 데리고 배 타고 구브로로 가고 바울은 실라를 택한 후에 형제들에게 주의 은혜에 부탁함을 받고 떠나 행 15:37-40

우리는 마가가 왜 전도여행 중에 고향으로 돌아갔는지 정확한 이유는 모릅니다. 하지만 마가 때문에 바울과 바나바가 갈라선 것은 분명히 알 수 있습니다. 그래서 한동안 바울의 사역에서 바나바와 마가가 언급되지 않습니다.

그러나 바울의 사역 말기에 마가가 이렇듯 다시 등장합니다. 골로새서에서 바울이 교인들에게 마가를 영접하라고 한 것처럼 빌레몬서에서도 "나의 동역자 마가, 아리스다고, 데마, 누가가 문안하느니라"(몬 1:24)라고 마가를 동역자로 소개합니다. 디모데후서 4장에서 바울은 디모데에게 이런 부탁을 합니다. "네가 올 때에 마가를 데리고 오라 그가 나의 일에 유익하니라"(딤후 4:11). 바울의 사역 말기에 마가가 바울에게 매우 소중한 동역자가 된 것을 볼 수 있습니다.

우리는 여기서 마가의 위대함을 보아야 합니다. 마가가 만약 과거 상처에 파묻혀 한숨만 쉬었다면, 마가는 바울과 갈라선 후 다시는 성경이나 교회 역사에 등장하지 않았을 것입니다. 그러나 마가는 아픔을 극복했습니다. 과거의 상처를 별로 만들었습니다. 사도 바울의 노여움을 사던 철부지에서 초대 교회의 중요한 지도자로 변했습니다.

우리도 마찬가지입니다. 우리 중에 실수하지 않는 사람은 없습니다. 과거에 저지른 잘못 때문에 지금도 괴로워하는 분들이 있을 것입니다. 과거의 상처가 치유되지 않아서 아직도 고통스러운 분들도 있을 것입니다. 그러나 과거의 상처와 아픔은 반드시 치유되어야 합니다. 우리는 소중하고 의미 있는 인생을 살아야 하기 때문입니다. 과거의 아픔 때문에 발목이 잡혀 있는 사람이 있다면 마가를 통해 해답을 얻기 바랍니다. 과거의 실수를 극복한 마가를 보면서 그 상처를 아름다운 별로 만들어가기 바랍니다.

가장 중요한 목적에 헌신한다

사실 그때 마가의 아픔이 얼마나 컸겠습니까? 바울은 마가의 실수를 용서하지 않았고 그 때문에 바나바와 크게 다퉜습니다. 이때 마가의 입장은 상사의 눈 밖에 난 무능한 부하 직원의 처지와 비슷합니다. 암담하고 참담한 상황이었습니다. 분한 마음에 바울을 비난하며 다닐 수도 있었습니다. 그러나 마가는 그렇게 하지 않았습니다.

그 암담한 상황에서 마가는 무엇을 했을까요? 그는 자신이 어떤 삶을 살아야 할지 깊이 고민했을 것입니다. 그리고 자신에게는 결코 포기할 수 없는 중요한 인생의 목적이 있음을 발견했습니다. 그가 포기할 수 없는 인생의 목적은 바로 예수님의 지상 명령, 즉 복음을 전하는 일이었습니다. 이보다 더 큰 목적은 없었습니다. 그 목적은 자신에게 상처를 준 바울의 인생 목적과도 같았습니다. 바울은 여러 차례 자신이 사는 목적이 주님의 복음을 전하는 것이라고 강조했습니다.

> 내가 달려갈 길과 주 예수께 받은 사명 곧 하나님의 은혜의 복음을 증언하는 일을 마치려 함에는 나의 생명조차 조금도 귀한 것으로 여기지 아니하노라 행 20:24

마가가 비록 바울을 인간적으로 좋아할 수는 없었다고 해도 같은 일을 해야 한다는 사실에는 변함이 없었습니다. 적대자가 자신과 같은 일을 추구한다는 이유로 자신의 가장 중요한 목적을 포기할 수는 없었습니다. 마가는 막중한 사명 앞에서 어린아이처럼 굴지 않았습니다. 자신의 소중한 목적에 헌신하기 위해 바울에게 무릎을 꿇는 심정이 있었습니다.

자신의 실수 때문에 바울과 바나바가 크게 다투었는데, 어떻게 마가가 편한 마음으로 바울을 대하겠습니까? 웬만한 사람

같으면 자신의 실수를 꼬집어 공격하는 바울을 피했을 것입니다. 하지만 마가는 바울을 피하는 것이 자신에게 가장 중요한 복음을 전하는 사명을 버리는 것이라고 판단했습니다. 감정보다 가장 큰 인생의 목적, 장기적 시각을 붙잡았던 것입니다.

우리나라의 역사에는 가슴 아픈 기록들이 많습니다. 정치가들이 자신들의 이익을 위해서 파당을 짓고 다툼을 일삼았습니다. 나라의 안위와 부강은 뒷전이었고 자신들의 이익을 저울질하다가 외세를 끌어들이기도 했습니다. 대한제국 말기에는 친일파, 친러파, 친청파, 친미파 등 많은 정치가들이 외세를 등에 업고 자신들의 권력을 유지하려고 했습니다. 나라의 안위를 걱정했다면 열강에만 의지할 것이 아니라 나라를 지키는 일에 서로 힘을 합쳐야 했습니다. 그러나 그러지 못했습니다. 개인의 작은 이익 때문에 나라를 빼앗기고 말았습니다. 이 얼마나 통탄스러운 일입니까.

중국 고사에 오월동주(吳越同舟)라는 말이 있습니다. 오나라와 월나라는 원수지간입니다. 그런데 오나라 사람과 월나라 사람이 공교롭게도 같은 배를 타게 되었습니다. 그래서 "원수는 외나무다리에서 만난다"고 할 때 쓰는 말입니다. 또 다른 의미도 있습니다. 비록 원수지간이지만 같은 배를 탔으니 서로 협력한다는 의미입니다. 같은 배를 탔다고 해서 서로 칼부림을 한 것이 아닙니다. 폭풍이 부니까 배를 안전한 곳으로 몰아가려고 힘을 합쳤습니다. "한 배를 탄 이상 이제 우리는 운명 공동체다. 힘을 합쳐 위기를 극복하자." 이런 정신이 오월동주입니다.

교회에서도 성도 간에 본의 아니게 상처를 주기도 하고 상처를 받기도 합니다. 어떤 사람은 그것을 마음에 담아두고 계속해서 꺼냅니다. 그러면 싸울 수밖에 없습니다. 상처가 아물어야 하는데 자꾸 들춰내면 상처가 덧나고 더 커집니다. 하지만 '우리 모두 위대한 목적에 헌신하다보니까 조금 생각이 달라서, 상황을 잘 이해하지 못해서 오해가 생겼구나' 하고 생각하면 그 사람은 마가처럼 위대한 인물이 됩니다.

비단 교회 일만 그런 것이 아닙니다. 우리 인생에 남겨진 모든 실패와 실수들을 그런 시각에서 바라보아야 합니다.

'내가 자꾸 그 상처를 더듬으면 뭐할까. 하나님이 주신 위대한 사명이 있는데, 그 위대한 사명을 이루기 위해 달려가야지.'

위대한 사람이라고 해서 왜 아픔을 못 느끼겠습니까? 실패에 왜 속앓이하지 않겠습니까? 남들보다 잘 이겨내는 것뿐입니다.

그러나 실패자들은 과거의 실패나 아픔을 곱씹고 또 곱씹습니다. 상처를 별로 만들고 싶다면 위대한 목적에 헌신하며 하나님께서 주신 여러분의 인생을 꽃피우십시오. 그러면 과거의 아픔과 상처들이 인생을 빛내는 아름다운 무늬로 바뀔 것입니다.

사랑으로 변화되는 복음의 능력

마가에게 인생 최고의 목적은 예수님이 전하신 복음을 전하는 것이었습니다. 예수님의 복음은 무엇입니까? 한마디로 사랑입니다. 화해와 화평과 이해입니다. 예수님을 믿어야 구원을 얻는다는 진리는 하나님의 사랑으로 가능합니다.

우리가 아직 죄인 되었을 때에 그리스도께서 우리를 위하여 죽으심으로 하나님께서 우리에 대한 자기의 사랑을 확증하셨느니라
롬 5:8

인간은 죄 값을 치르기 위해 심판받아 죽어 마땅한 존재였습니다. 그러나 하나님께서는 인간을 구원하시기 위해 예수님을 보내셨고, 예수님은 십자가에 달려 죽으심으로 우리의 죄 값을 대신 지불하셨습니다. 이것이 복음의 진리입니다. 복음은 희생과 사랑에 기초합니다. 마가는 복음을 전하는 사람이었습니다. 그런데 어찌 그가 마음에 미움을 품고 사랑을 전할 수 있었겠습니까? 아마도 마가의 마음에 큰 부담이 있었을 것입니다. 반드시 풀고 넘어가야 하는 문제였습니다.

에베소서 2장 13,14절은 예수님의 십자가 사역을 화해 사역으로 설명해줍니다.

이제는 전에 멀리 있던 너희가 그리스도 예수 안에서 그리스도의
피로 가까워졌느니라 그는 우리의 화평이신지라 둘로 하나를 만
드사 원수 된 것 곧 중간에 막힌 담을 자기 육체로 허시고

엡 2:13,14

십자가의 희생과 사랑은 하나님과 우리 사이에 막힌 담을 허
물어뜨립니다. 복음을 전해야 하는 마가에게는 과거의 아픔과
상처가 큰 장애였을 것입니다. 그러나 그가 과거의 실패와 상처
를 극복했다는 것은 주님의 은혜에 흠뻑 젖었다는 증거입니다.

우리 안에 남아 있는 기억들이 해를 더할수록 묵은 체증처럼
아픔을 더해갑니까? 과거의 실패와 아픔이 나의 이기심에 묶여
점점 더 큰 괴로움이 되어가고 있습니까? 그렇다면 복음의 진수
를 맛보아야 합니다. 예수님께서 나를 위해 목숨을 바쳐서 사랑
하신 그 사랑에 흠뻑 젖어야 합니다.

작은 실패에 인생을 낭비하지 말라

마가는 큰 실수를 저질렀지만 그 때문에 인생을 한탄하며 살
지 않았습니다. 실패의 아픔을 성숙의 기회로 삼았습니다. 우
리 주변에는 "내가 왕년에는 어땠는데…"라는 말을 되풀이하면
서 사는 사람들이 있습니다. 그들에게 왕년은 잘나가던 한때입

니다. 과거의 영광만 생각하면서 현실에서는 아무짝에도 쓸모없는 사람으로 살아갑니다. 하는 말마다 다른 사람 때문에 자신의 인생을 망쳤다고 원망합니다. 이런 사람들은 미래가 없는 사람입니다.

탁월한 기독교 변증가 C. S. 루이스는 "사탄은 크리스천들이 실패에 집착하게 만듭니다. 그렇게만 하면 승리가 그의 것이기 때문입니다"라고 말했습니다. 실패는 누구나 하기 마련입니다. 문제는 그 실패에 짓눌리느냐 아니면 그 실패를 딛고 일어나 희망찬 삶을 살아가느냐 하는 것입니다.

차동엽 신부는 그의 책 《뿌리 깊은 희망》에서 독일 베를린의 막스플랑크 교육연구소가 15년 동안 1천 명을 대상으로 연구한 끝에 찾아낸 지혜로운 사람들의 공통점에 대해 말했습니다.

"지혜로운 사람들은 대부분 역경이나 고난을 극복한 경험이 있었다. 인생의 쓴맛을 본 사람들이 순탄한 삶을 살아온 사람들보다 훨씬 지혜로웠다."

역경과 고난이 도리어 사람을 지혜롭게 한다는 것입니다.

미국 LA에 있는 게티 센터(Getty Center)에 방문했을 때 일입니다. 그곳에는 고대 로마시대의 조각들과 인상파로 유명한 세잔, 고갱, 반 고흐, 르누아르 등의 그림들이 전시되어 있었습니다. 그런데 유독 한 그림 앞에서 발걸음을 뗄 수 없었습니다. 유명한 작가의 작품이 아니었습니다. 그 그림을 그린 사람은 정신병에 시달리던 사람이었습니다. 증세가 얼마나 심각했는지 자신의 아버지를 죽이는 끔찍한 일을 저질렀다고 합니다. 그런 그가 정신병원에 수용되어 있다가 나와서 그림을 그렸습니다. 그렇게 비참한 전력을 가진 그가 어떤 그림을 그린 줄 아십니까? 성경에 나오는 테마입니다. 사울 왕이 다윗을 죽이려고 뒤쫓다가 굴에서 혼곤히 잠이 들었습니다. 그때 다윗과 그의 심복들이 사울 왕을 죽일 절호의 기회를 얻습니다. 그런데 다윗의 병사가 창을 들어 사울을 해치려 하자 다윗이 그를 말립니다. 바로 그 장면입니다.

저는 그 그림 앞에 한동안 멈춰 서서 감격에 몸을 떨었습니다. '아버지를 죽인 화가가 속죄의 의미로 이 그림을 그린 거구나' 하는 생각이 들었습니다. 다윗에게 사울은 장인입니다. 아버지 같은 존재입니다. 다윗이 자신의 생명을 지키기 위해서는 사울을 제거해야 했습니다. 하지만 그렇게 하지 않았습니다. 창을 든 병사를 단호히 말리는 다윗의 눈빛은 화가가 자신의 아버지에게 받고 싶은 용서와 속죄의 표현이었을 것입니다. 화가가 용서를 구하는 심정으로 그림을 그렸다는 뜻입니다. 그것은 화가가 과거의 실패와 아픔을 극복했다는 의미이기도 합니다. 그는 정신병자요 아버지를 죽인 살인자라는 과거의 아픔과 상처를 딛고 영혼의 깊은 아픔과 속죄와 용서를 표현하는 화가로 남게 된 것입니다.

한 번 실패했다고 해서 인생을 포기하지 마십시오. 인생을 낭비하지 마십시오. 낙담하기 전에 하나님을 바라보십시오. 우리와 항상 함께하겠다고 약속하신 성령님을 의지하십시오.

시편 42편 기자는 이렇게 권고합니다.

내 영혼아 네가 어찌하여 낙심하며 어찌하여 내 속에서 불안해 하는가 너는 하나님께 소망을 두라 그가 나타나 도우심으로 말미암아 내가 여전히 찬송하리로다 시 42:5

우리의 실패를 통해 큰 깨달음을 주시는 하나님을 바라보십시오. 곧 감격의 찬송을 소리 높여 부르게 될 것입니다.

작은 일에 충성해 큰 미래를 준비하라

마가는 바울과 바나바의 전도여행에서 주로 일정을 조율하거나 음식과 지낼 곳을 준비하는 비서 역할을 했을 것입니다. 대단한 중책은 아닙니다. 웬만한 사람 같으면 이렇게 항의했을지도 모를 일입니다.

"디모데는 그레데 감독으로 파송을 받았습니다. 디도에게는 다른 여러 교회를 보살피게 했습니다. 에바브로디도는 또 어떻습니까? 그는 여기서 관리하게 하고, 아볼로는 대단한 설교자로 세우지 않았습니까? 그런데 도대체 저는 뭡니까? 매일 허드렛일이나 하고 있으니 저도 눈에 띄는 일을 하고 싶습니다!"

그러나 마가는 결코 이렇게 항변한 적이 없습니다. 그 작은 일, 남이 알아주지 않는 일에 헌신했습니다. 그러자 하나님께서 그의 미래를 열어주셨습니다. 마가는 고대 최고의 문화 도시인 애굽의 알렉산드리아에서 기독교 공동체를 세운 사람이 되었습니다. 초대 교회에 엄청난 영향을 끼친 지도자가 되었습니다. 복음서 중에서 가장 오래된 마가복음의 저자가 되었습니다. 사도들처럼 순교자가 되어 거룩한 피를 흘렸고, 그 피는 초대 기독교 공동체가 자라는 자양분이 되었습니다.

작은 변화의 시작

존 트렌트의 《2도 변화》라는 책에 나오는 이야기입니다.

변화는 180도의 전환으로 이루어지지 않는 것인지도 모른다. 그런 식으로 하려다가 괜히 애만 쓰고 아무런 해결점도 찾지 못하는 때가 더 많았다. 진정한 변화는 마음과 행동을 약간씩만 조정하는 2도 변화를 통해 오는 것일지도 모른다. 깨진 창을 고치고, 작은 액자를 채우고, 더 많은 것을 보기 위해 작은 것에 초점을 맞추며, 운전대를 2도 정도만 돌리는 작은 일들 말이다.

'작은 변화? 지금 장난하는 거야? 내 문제가 얼마나 많은데….'

홈런이라도 쳐야 직장이나 결혼생활에 재기의 기회가 올 것 같은데, 모두 1루타를 치라는 이야기만 했다. 그의 앞에는 커다란 문제들이 산재해 있었는데도 말이다.

"홈런 따위는 신경 쓰지 마세요. 대단한 해결책 따위도 그냥 잊어버리시고요. 1센티미터면 족합니다. 오늘 할 일은 그게 다예요. 단 1센티미터만으로도 변화를 가져올 수 있습니다!"

우리가 쉽게 간과하는 점을 잘 지적해주는 이야기입니다. 한 번에 큰일을 이루고 일확천금을 바라는 것은 인생의 경주에서 결코 득이 되지 않습니다. 작은 일 하나에도 최선을 다하고 정성을 다하면 그 일들이 모여서 새로운 가치를 낳습니다. 인생은 짧지 않은 긴 여정입니다. 작은 일이라도 귀하게 여기고 그 일에 최선을 다할 때 다른 사람들은 기대하지 못했던 전혀 다른 목적지에 도달한 것을 발견할 것입니다.

작은 일에 묵묵히 충성하십시오. 그러면 그다음은 하나님께서 하십니다. 우리가 맡겨주신 일에 충성하면 그다음은 하나님께서 우리의 미래를 준비해주십니다. 누구도 상상할 수 없는 복된 미래입니다.

교회에 소망이 있고, 미래가 있는 것은 교인들이 큰일, 작은 일 가리지 않고 충성한다는 사실입니다. 많은 교인들이 맡겨진 일이든, 맡겨지지 않은 일이든 충성하는 모습을 볼 수 있습니다.

아직도 과거의 나쁜 기억이나 상처나 실패 때문에 괴로워하고 있다면, 그 상처를 아름다운 별로 만들어야 합니다. 이제 시선을 가장 중요한 인생의 목적에 고정하십시오. 복음의 진수인 십자가 사랑에 흠뻑 젖어보십시오. 작은 실패에 인생을 포기하거나 낭비하지 말고 작은 일부터 충성하십시오. 그러면 하나님께서 복된 미래를 열어주실 것입니다.

상처가 별이 된 마가

마가는 바울에게 위로가 되는 귀한 동역자였지만, 처음부터 그랬던 것은 아니다. 마가 때문에 바울과 바나바가 다투고 갈라서기도 했다. 그러나 마가는 과거의 실수와 상처를 극복하고 복음 전하는 사명을 따라 다시 헌신하고 바울의 소중한 동역자가 되었다. 이것이 놀라운 복음의 능력이다.

²⁴ 운동장에서 달음질하는 자들이 다 달릴지라도 오직 상을 받는 사람은 한 사람인 줄을 너희가 알지 못하느냐 너희도 상을 받도록 이와 같이 달음질하라 ²⁵ 이기기를 다투는 자마다 모든 일에 절제하나니 그들은 썩을 승리자의 관을 얻고자 하되 우리는 썩지 아니할 것을 얻고자 하노라 ²⁶ 그러므로 나는 달음질하기를 향방 없는 것같이 아니하고 싸우기를 허공을 치는 것같이 아니하며 ²⁷ 내가 내 몸을 쳐 복종하게 함은 내가 남에게 전파한 후에 자신이 도리어 버림을 당할까 두려워함이로다

16

절제하며 나아갈 때
승리의 면류관을 얻는다

—— *생존을 위한 경주*

"매일 아침 아프리카에서는 가젤이 눈을 뜬다. 그는 사자보다
더 빨리 달리지 않으면 죽으리라는 것을 안다. 매일 아침 사자
또한 눈을 뜬다. 그 사자는 가장 느리게 달리는 가젤보다 빨리
달리지 않으면 굶어죽으리라는 것을 안다. 당신이 사자든 가젤
이든 상관없이 아침에 눈을 뜨면 당신은 질주해야 한다."

섬뜩하지만 치열한 생존 경쟁에 내몰린 인간의 실상을 단적으
로 보여주는 글입니다. 우리는 보통 새해가 시작되면 큰 의미를
두지 않고 새해 소원을 생각합니다. 왜 큰 의미를 두지 않을까
요? 아마 연초에는 습관적으로 소원을 정했다가 성취하지 못한
경험이 많기 때문일 것입니다. 그러나 우리는 새해 첫날이 아니

라고 해도 언제든지 성취할 구체적인 목표들을 세워야 합니다. 무엇보다 목표를 세우는 것이 중요합니다. 그 과정에서 자신의 필요와 부족함을 느끼고 새로운 방향 전환도 할 수 있기 때문입니다.

지금이라도 여러분이 이뤄야 할 목표를 한 번 적어보십시오. 주변 사람에게 여러분이 성취해야 할 목표를 알리고 필요하면 도움을 청하십시오. 그 목표를 성취하기 위해 부지런히 뛰십시오. 여러분이 사자든 가젤이든 목적을 향해 뛰어야 합니다. 가젤은 사자에게 잡아먹히지 않기 위해서 뜁니다. 살기 위해서 뛰는 것입니다. 사자는 가젤을 잡아먹기 위해서 뜁니다. 못 잡으면 사자도 굶어죽습니다. 결국 사자도 살기 위해 뛰는 것입니다.

우리는 승리의 면류관을 얻기 위해 경주하는 사람들입니다. 하나님께서 우리 각자에게 주신 인생이라는 시간 동안 최선을 다해서 귀한 열매를 맺고 경주를 완주한 후에 주님께서 준비하신 면류관을 받아쓰게 될 것입니다.

또한 우리는 이 시대에 반드시 이뤄야 할 소중한 일들을 위해 하나님께서 선택하신 지도자라는 사실을 기억해야 합니다. 예수님의 생명과 하나님의 은혜를 전하는 거룩한 영향력을 끼쳐야 합니다. 거룩한 영향력으로 사람들에게 감동을 주어야 합니다. 면류관을 얻기까지 달려가야 하는 것입니다.

상을 받기 위해 달려라

사도 바울은 인생을 고대 그리스의 올림픽 경기인 달리기 경주에 비유했습니다.

운동장에서 달음질하는 자들이 다 달릴지라도 오직 상을 받는 사람은 한 사람인 줄을 너희가 알지 못하느냐 너희도 상을 받도록 이와 같이 달음질하라 고전 9:24

여기서 '달음질'이라는 번역은 분명한 의미가 전달되지 않습니다. 바른 번역은 '달리기 경주'(race)입니다. 경주에는 출발선이 있고 결승선이 있습니다. 경주는 혼자 달리는 것이 아닙니다. 여러 사람이 1등을 하기 위해서 치열한 경쟁을 합니다. 동시에 출발선을 떠나지만 결승선에는 다르게 도착합니다. 최선을 다해 달려서 1등으로 들어오는 선수가 면류관을 얻습니다.

사도 바울은 왜 신앙인의 삶을 치열한 경쟁이 있는 경주에 비유했을까요? 그는 신앙인의 삶을 하나님께서 예비하신 면류관을 얻기 위해서 경주하는 과정으로 본 것입니다. 사도 바울은 매우 열정적이고 사명감에 불타는 사람이었습니다. 주님께서 주신 사명을 다 완수하기 위해 자신이나 많은 성도들이 치열한 삶을 살고 영광을 누리기를 바랐습니다.

우리는 인생을 배불리 먹고 유흥을 좇는다거나 이름을 날리는 것으로 생각해서는 안 됩니다. 우리의 인생이 하나님께서 주신 사명을 성취하기 위해 전력을 다해서 질주하는 과정이라고 생각해야 합니다. 이미 출발을 알리는 총성이 울렸습니다. 우리는 지금 경주 선상에서 사력을 다해 뛰고 있는 중입니다. 옆에서 뛰는 경쟁자들과 앞서거니 뒤서거니 하면서 질주하고 있습니다. 지금 우리가 생각해야 할 것은 최선을 다해서 뛰는 것뿐입니다. 결승선에 이를 때까지 힘껏 달리는 것뿐입니다.

TV 경마 중계를 보면 경주에 참가한 말과 기수들이 사력을 다해 뛰는 것을 보게 됩니다. 우리는 잠깐 한 번 보는 것으로 끝나지만, 경주에 참가한 말에게는 엄청난 변화가 있습니다. 경주에 참가한 말이 전력 질주를 하고 나면 체중에 큰 변화가 일어나는데, 1,2킬로그램 정도가 아니라 약 8킬로그램이나 체중이 줄어든다고 합니다. 경주 한 번에 8킬로그램이나 빠진다니 참 놀라운 일입니다. 어떻게 그런 일이 일어납니까? 말이 죽을힘을 다해서 뛰었기 때문입니다. 말들도 승리하려면 죽을힘을 다해 달립니다.

사도 바울은 주님의 복음을 전하는 일에 경주마처럼 최선을 다했습니다. 그의 고백을 들어보십시오. "형제들아 우리가 아시아에서 당한 환난을 너희가 모르기를 원하지 아니하노니 힘에 겹도록 심한 고난을 당하여 살 소망까지 끊어지고"(고후 1:8). '힘에 겹도록'이란 말은 인간이 감당할 수 없는 고생을 했다는 뜻입니다. 목숨을 부지하리라고는 생각도 하지 못했다는 것입니다. 그토록 바울은 복음을 전하는 일에 전념했습니다. 그는 경주마에 비할 수 없는 열정을 보여주었습니다.

희망의 마라톤

캐나다의 영웅 테리 폭스는 자신의 인생을 경주하며 살다가 세상을 떠났습니다. 그는 뼈 암의 일종인 골육종에 걸려 십대 후반에 오른쪽 다리를 잃었습니다. 그는 항암과 재활 훈련을 한 뒤 의족을 차고 암 연구를 위한 자선 마라톤을 시작했습니다. 이른바 캐나다 대륙을 횡단하는 '희망의 마라톤'이었습니다. 모든 캐나다인에게 암 연구 기금으로 1달러씩 총 2천 4백만 달러를 모금하는 것이 목표였습니다. 그는 캐나다의 동쪽 끝에서 서쪽 끝까지 무려 8천 킬로미터 거리를 완주하는 것을 목표로 하루 평균 42킬로미터씩 달렸습니다. 143일 동안 5천 킬로미터를 넘게 달렸습니다. 하지만 암이 폐로 전이되는 바람에 소망을 이루지 못하고 스물세 살 생일을 한 달 앞두고 죽음을 맞았습니다. 그럼에도 그가 목표했던 연구 기금보다 더 많은 기부금을 모금했습니다.

그는 암 발병 후 죽는 날까지 요양하며 보낼 수도 있었지만, 죽는 날까지 의미 있는 인생을 살기로 했습니다. 오른쪽 다리를 잃고 암 투병을 하는 젊은이가 의족을 차고 거리를 뛰는 모습은 수많은 사람들에게 아름다운 인생이 무엇인지 생각하게 했습니다. 그리고 의미 있는 삶을 살고자 애쓰는 한 사람의 인내와 분투에 큰 감동을 받았습니다. 테리 폭스의 '희망의 마라톤'은 무의미하게 자기 인생을 허비하며 살아가는 수많은 사람들에게 경종을 울렸고, 이 마라톤은 지금까지 전 세계적으로 이어지고 있습니다.

저는 테리의 '희망의 마라톤'에서 지도자의 삶을 생각했습니다. 무의미하게 시간을 보내기보다는 마지막 숨이 다하는 순간까지 경주하는 삶, 자기 한 사람의 만족을 위해 사는 것이 아니라 수많은 사람들의 복지를 위해 헌신하는 삶, 자기 한 사람의 꿈을 위해 사람들을 희생시키는 것이 아니라 타인의 꿈을 소중히 여기고 그 꿈이 이루어지도록 도와주는 삶, 자기 한 사람의 구원에 만족하는 것이 아니라 전 세계인들의 구원을 위해 지도에도 없는 곳으로 나가는 삶, 그것이 주님께서 바라시는 우리의 인생이라고 믿습니다.

우리의 인생은 우리 자신의 행복을 누리기 위한 과정이 아님을 기억해야 합니다. 우리의 인생은 주님께서 주신 사명을 이루기 위한 과정입니다. 우리는 힘차게 달려가야 합니다. 하나님께서 기뻐하시는 인생 경주에 최선을 다해야 합니다. 물론 우리의 인생 경주는 쉽지 않습니다. 그래서 인내가 필요합니다. 포기하기 전에 한 걸음 더 내딛는 인내가 필요합니다.

> 이러므로 우리에게 구름같이 둘러싼 허다한 증인들이 있으니 모든 무거운 것과 얽매이기 쉬운 죄를 벗어버리고 인내로써 우리 앞에 당한 경주를 하며 히 12:1

하나님께서 예비해놓으신 면류관을 얻기 위해 경주합시다. 어렵고 힘든 것은 당연합니다. 어떤 상황에서도 인내하고 뜨거운 열정을 마음에 품고 힘차게 달려갑시다. 우리는 면류관을 얻기까지 경주해야 합니다.

절제와 훈련으로 경주를 준비하라

> 이기기를 다투는 자마다 모든 일에 절제하나니 그들은 썩을 승리자의 관을 얻고자 하되 우리는 썩지 아니할 것을 얻고자 하노라 고전 9:25

경주에서 승리해 면류관을 얻기 원하는 사람이라면 철저히 자신을 통제해야 합니다. 절제란 자신을 억제하면서 스스로를 통제하는 것입니다. 그래서 영어로 'self-control'이라고 하기도 하고, 엄격한 훈련을 뜻하는 'strict training'이라고도 합니다. 항상 일정한 수준을 넘지 않도록 자기를 다스리라는 말입니다.

절제는 다른 말로 하면 '자기 관리'입니다. 자신의 시간, 건강, 가족, 일 등을 자신의 꿈과 성취를 위해서 조절하는 능력입니다. 자신을 통제한다는 것은 자신과의 싸움에서 이긴다는 뜻입니다. 그런데 자신과의 싸움이 얼마나 어렵습니까?

아리스토텔레스는 "가장 어려운 승리는 자기 자신에 대한 승리다"라고 말했고, 노자는 "남을 아는 사람은 지혜 있는 자이지만 자기를 아는 사람은 명철한 자다. 남을 이기는 사람은 힘 있는 자이지만 자기 스스로를 이기는 사람은 더욱 강한 자다"라고 말했습니다. 그만큼 자신을 통제하기가 어렵다는 뜻입니다.

어떤 사람은 가장 높은 산을 정복합니다. 하지만 성미가 불같아서 배우자에게 이혼을 당하고 주변 사람들에게 골칫거리가 됩니다. 어떤 사람은 스포츠나 연예계에서 최고의 찬사를 받는 스타가 되었습니다. 하지만 자신의 정욕을 절제하지 못해서 스캔들의 대명사가 되었습니다.

여러분은 어떻습니까? 여러분은 가치 있는 사람입니까? 여러분이 가치 있는 사람임을 증명하는 방법이 있습니다. 여러분 자신과의 싸움을 시작하는 것입니다. 말실수가 많다는 평가를 받고 있습니까? 말실수를 하지 않겠다고 결심하고 자신의 언어를 통제해보십시오. 조금 지나면 실수가 줄어들 것입니다. 끈기가 없다는 평가를 받고 있습니까? 인내로 끝까지 가겠다고 결심하고 자신을 통제하십시오. 조금 지나면 인내의 열매를 얻게 될 것입니다. 노력이 부족하다는 평가를 받고 있습니까? 남보다 더 열심히 땀 흘리겠다고 결심하고 자신을 통제하십시오. 조금 지나면 사람이 달라졌다는 평가를 받게 될 것입니다. 자기 자신과 싸움을 시작한 사람은 자신이 가치 있는 사람임을 몸소 증명하는 것입니다.

절제가 얼마나 중요한지는 대부분의 사람들이 잘 압니다. 중요성을 알면서도 실천하지 못하는 것이 절제입니다. 삼국시대 백제의 의자왕은 지혜롭고 자비로운 왕으로 명성이 자자했습니다. 그는 적국을 속이기 위한 계책을 세웠는데, 그것은 자신이 향락에 빠져 국사를 돌보지 않는 것처럼 보이게 하는 것이었습니다. 그런데 어떤 일이 일어났습니까? 처음에는 왕이 향락에 빠진 연기를 했지만 나중에는 진짜 향락에 빠져 국사를 게을리 했습니다. 결국 나라가 멸망당하는 비극을 맞닥뜨렸습니다. 한 사람의 무절제가 나라의 멸망과 수많은 사람들의 죽음을 가져왔습니다. 백제의 마지막 수도 사비성과 가까운 백마강에 삼천 궁녀가 떨어져 죽었다는 낙화암 전설이 있습니다.

그런가 하면 권투 영화 〈록키〉의 주인공 록키는 3류 무명 권투 선수였습니다. 그는 남의 빚을 받아주는 해결사 역할을 하면서 근근이 살아가고 있었습니다. 그러던 어느 날 그에게 뜻하지 않은 기회가 찾아왔습니다. 무적의 헤비급 챔피언이 이벤트 경기로 무명의 3류 복서 록키를 도전자로 지명한 것입니다. 아무도 주목하지 않던 무명의 복서 록키가 지명 도전자가 되면서 그의 인생에 새로운 장이 열립니다. 록키는 타이틀전을 준비하기 위해서 훈련에 돌입합니다. 특히 매일 새벽에 거리를 뛰면서 운동하는 장면이 인상적입니다. 처음에는 얼마 가지도 못하고 헉헉거렸지만, 매일 치열하게 훈련한 결과 점차 거뜬히 뛸 수 있게 되었습니다.

결전의 날에 록키는 모든 이의 예상을 뒤엎고 대등한 경기를 펼칩니다. 비록 판정패로 챔피언이 되지는 못했지만 승패가 중요한 것은 아니었습니다. 무엇보다 그는 자기 인생에서 승리했습니다. 그 힘든 과정을 통해서 록키는 이전의 삶이 인생의 목표도 없이 무절제하게 살던 쓰레기 같은 삶이었음을 느꼈을 것입니다. 그리고 목표를 가지고 절제하고 훈련했더니 새로운 차원의 인생이 열리는 것을 경험했습니다.

규칙대로 경기하는 운동선수와 같은 사람

주님의 일꾼은 규칙대로 경기하는 운동선수와 같다고 합니다. "경기하는 자가 법대로 경기하지 아니하면 승리자의 관을 얻지 못할 것이며"(딤후 2:5). 운동선수는 피땀을 흘리며 연습하고 훈련해서 기량을 향상시킵니다. 경기에 나가면 경기 규칙대로 최선을 다해서 싸워야 합니다. 그리고 승리한 자에게는 승리자의 관이 주어집니다. 선수는 승리 뒤에 따라오는 명예와 부귀영광을 바라보면서 어려운 훈련과 연습과 경기를 견뎌냅니다.

그러나 승리의 결과에만 집착한 나머지 반칙을 쓴다면 그것은 자기 무덤을 파는 일입니다. 1997년에 핵주먹 타이슨과 홀리필드의 헤비급 권투 시합이 있었습니다. 홀리필드에게 패한 적이 있던 타이슨은 이겨야 한다는 생각에 몰두한 나머지 경기 중에 그만 홀리필드의 귀를 물어뜯고 말았습니다. 결과적으로 타이슨은 실격을 당했고, 수많은 사람들로부터 손가락질을 받게 되었습니다.

운동선수는 지더라도 정정당당하게 져야 합니다. 자신이 최선을 다했다면 지더라도 후회가 없는 법입니다. 그러면 지는 것도 아름답게 보입니다. 진정한 아름다움이란 질서 안에 있기 때문입니다.

사도 바울은 왜 주님의 일꾼을 운동선수로 비유했습니까? 운동선수가 규칙대로 경기를 해야 하듯이 주님의 일꾼은 진리를 떠나서는 안 된다는 것입니다. 우리는 사랑으로 행하고 온유와 봉사의 자세를 잃지 말아야 합니다.

훌륭한 선수는 자신의 욕망을 다스리고 훈련에 전념합니다. 이것이 절제입니다. 믿음의 사람들도 하나님의 말씀을 지키기 위해 자신을 다스릴 수 있어야 합니다. 하나님께서 주신 상급을 바라보며 그 일에 최선을 다하는 것입니다. 그렇습니다. 절제는 소중한 일을 이루기 위해서 자신의 자원을 활용하는 지혜입니다. "자기의 마음을 제어하지 아니하는 자는 성읍이 무너지고 성벽이 없는 것과 같으니라"(잠 25:28).

절제하지 못하는 자는 자신의 인생을 스스로 갉아먹는 것입니다. 절제는 무질서한 삶을 질서 있게 하고, 방만한 삶을 규모 있게 만듭니다. 도가 지나친 열심을 경계하기도 합니다. 경쟁심과 승부욕도 필요하지만 너무 지나치면 자신과 타인에게 고통을 줄 수 있습니다. 그래서 절제란 중용과도 통합니다. 절제는 우리가 승리의 면류관을 얻기까지 모든 것을 규모 있게 처리하는 능력을 말합니다.

갈라디아서 5장은 절제가 성령의 9가지 열매 중 하나라고 말씀합니다.

오직 성령의 열매는 사랑과 희락과 화평과 오래 참음과 자비와 양선과 충성과 온유와 절제니 이같은 것을 금지할 법이 없느니라 그리스도 예수의 사람들은 육체와 함께 그 정욕과 탐심을 십자가에 못 박았느니라 갈 5:22-24

우리의 정욕과 탐심은 십자가에 못 박혔습니다. 그래서 우리가 절제함으로 정욕에 휘둘리지 않고, 그릇된 공명심이나 탐욕이나 명예욕에 휘둘리지 않게 됩니다. 철저한 훈련 없이는 주님이 바라시는 인생을 살 수 없습니다. 절제함으로 여러분의 인생을 구하고, 가정을 구하고, 교회를 구하고, 이 나라를 구하는 사람이 되기를 바랍니다.

푯대를 향해 달려가는 삶

사도 바울은 달리기 경주를 통해 목표에 집중하지 않는 삶이 얼마나 허망한 것인지 강조합니다.

그러므로 나는 달음질하기를 향방 없는 것같이 아니하고 싸우기를 허공을 치는 것같이 아니하며 고전 9:26

골인 지점 없이 달리는 사람, 목적지가 없는 사람은 평생토록 노력해도 목적지에 이를 수 없습니다. 그러나 달리기 경주에 참가한 선수들은 골인 지점을 향해 전력을 다해서 달립니다. 권투와 같은 격투기도 상대를 정확하게 맞추지 못하고 헛손질만 하면 제풀에 기운이 빠지게 됩니다. 목표물에 정확히 주먹을 맞춰야 합니다. 이처럼 인생을 사는 데 분명한 목표를 갖는 것이 대단히 중요합니다.

목표가 얼마나 중요한지 동기 유발 연설가 피터 허쉬는 이렇게 말했습니다.

"목표는 우리를 집중하게 하고 확실하고 빠르게 만들어주는 능력이다. 목표는 관심과 의식의 방향을 설정해준다. 목표란 마치 레이저 포인터로 가리키는 것처럼 우리의 상상력에 방향을 설정해주고, 우리가 가진 꿈을 현실로 바꾸는 데 필요한 영감에 초점을 맞추도록 해준다."

우리에게 목표가 없으면 집중력이 좀처럼 생기지 않습니다. 그러나 목표가 있어서 어떤 일에 집중하면 원하는 결과를 얻게 됩니다. 사도 바울이 많은 업적을 남긴 것도 그가 목표에 집중하는 삶을 살았기 때문입니다.

사도 바울은 빌립보서 3장 13,14절에서 이렇게 말했습니다.

형제들아 나는 아직 내가 잡은 줄로 여기지 아니하고 오직 한 일 즉 뒤에 있는 것은 잊어버리고 앞에 있는 것을 잡으려고 푯대를 향하여 그리스도 예수 안에서 하나님이 위에서 부르신 부름의 상을 위하여 달려가노라 빌 3:13,14

바울은 푯대를 향해 달려가는 삶, 즉 목표를 향해 질주하는 삶을 살았다고 고백했습니다. 목표에 집중하는 삶이야말로 어쩌면 가장 행복한 삶입니다. 목표에 집중하는 사람은 자신의 능력을 넘어서는 놀라운 성취를 이루게 됩니다.

　예수님은 인생의 목적을 이루기 위해서 최선을 다하셨습니다. 갈릴리 모든 마을들을 다니시며 전도하셨습니다. 영혼 구원이라는 자신의 인생 목적을 알고 그 일을 이루시기 위해서 최선을 다하셨습니다.

주 예수님을 바라보라

　예수님을 따라가는 제자들인 우리도 마땅히 예수님처럼 분명한 목표가 있어야 합니다. 우리가 가져야 할 가장 큰 인생의 목적은 예수님을 닮는 것이어야 합니다.

　믿음의 주요 또 온전하게 하시는 이인 예수를 바라보자 그는 그 앞에 있는 기쁨을 위하여 십자가를 참으사 부끄러움을 개의치 아니하시더니 하나님 보좌 우편에 앉으셨느니라 히 12:2

　예수님을 닮기 위해서 우리는 어떤 상황에서나 주님을 분명히 바라보아야 합니다. 예수님은 언제나 인생의 모든 문제에 해답이 되시기 때문입니다. 항상 예수님만 바라보십시오. 예수님 닮기를 간절히 사모해야 합니다. 우리의 시선과 관심이 예수님에게 집중되어야 하는 것입니다.

또한 예수님이 우리를 세상의 소금과 빛이라고 하신 것처럼 세상에서 소금과 빛으로 살아가겠다는 분명한 목표를 세우기 바랍니다. 이것을 위해서 그릇된 습관을 버리고 늘 성장하고 변화하려는 부단한 자세가 필요합니다. 그리고 여러분이 개인적으로 이루고자 하는 소중한 꿈들을 분명히 세우기 바랍니다.

이렇게 세운 것들이 우리가 추구할 목표가 됩니다. 그 목표들을 달성하기 위해서는 글로 쓰는 것이 좋습니다. 사람들은 보통 인생의 목표를 기록하지 않는다고 합니다. 그러나 리더십 전문가는 목표를 기록한 사람들이 자신이 기록한 목표를 성취할 확률이 훨씬 높다고 조언합니다. 목표를 기록하면 마음에 부담이 생기고 그에 반응하여 두뇌가 깨어난다는 것입니다. 목적지가 더욱 선명하게 보이기 때문에 목적지로 가는 발걸음이 더욱 당당해지는 것입니다. 지금이라도 올해 성취해야 할 것들을 기록해보기 바랍니다. 그 목표를 여러분의 수첩에, 스마트폰에, 냉장고 등에 써놓고 항상 보면서 떠올리기를 바랍니다.

저도 올해 이뤄야 할 제 개인적인 목표들을 기록했습니다. 그중에는 이미 몇 년 전에 끝냈어야 하는 일인데 미루다가 끝내지 못한 일도 있습니다. 부끄러운 일입니다. 하지만 이제 가오를 새롭게 다지고 기록하고 머릿속으로 되새기고 있으니 좋은 결과를 기대해봅니다.

우리 모두 자신의 인생과 신앙생활을 위해서 목표를 분명히 세워야 합니다. 목표가 구체적일수록 그 효과가 큽니다. 아직 올해 목표를 세우지 않았다면 시간을 내어 깊이 숙고하는 가운데 여러분의 목표를 분명히 세우고 기록하기 바랍니다. 그리고 남은 시간을 그 목표에 집중하십시오. 하나님께서 예비하신 면류관을 얻기까지 목표에 집중하는 것입니다

완주하는 자가 누릴 복

우리는 이로써 경주를 완주해야 합니다. 자기 자신을 다스리는 자가 다른 사람도 정복할 수 있습니다.

내가 내 몸을 쳐 복종하게 함은 내가 남에게 전파한 후에 자신이 도리어 버림을 당할까 두려워함이로다 고전 9:27

저는 이 말씀을 읽을 때마다 예리한 칼에 찔리는 듯한 느낌을 받습니다. 제가 목사이다 보니까 하나님의 말씀을 많은 사람들에게 전합니다. 공개적인 자리에서 언제나 분명하고 명확하게 하나님의 말씀을 전합니다. 그러나 정작 제 자신은 제가 전하는 말씀대로 살고 있느냐 하면 그렇지 못할 때가 있습니다. 그럴 때는 차라리 말씀을 전하는 입장이 아니라 듣는 입장이 되었으면 좋겠다는 생각을 합니다.

말씀을 전하는 자로서의 저와 하나님의 말씀에 순종하지 않는 자로서의 저 사이에 큰 괴리가 있기 때문입니다. 남에게는 하나님의 말씀을 전해 구원받게 하고 정작 제 자신은 파멸을 당할 일입니다. 그런 생각을 하면 이 말씀이 얼마나 막중한 말씀인지 모골이 송연해집니다. 실제로 목회를 잘한다고 알려진 목사님들이 불명예스럽게 교회를 떠나는 사례가 심심치 않게 나오고 있습니다. 위대한 사도 바울도 그런 염려를 했는데 저 같은 보잘것없는 사람은 오죽하겠습니까?

그래서 저는 하나님께 겸손한 기도를 드립니다. 무슨 큰일을 하겠다는 것도 아니고 이름을 내겠다는 것도 아닙니다. 그저 저의 목회 사역이 은퇴하는 그날까지 하나님의 영광만을 드러내게 해달라는 기도입니다.

"하나님, 저 때문에 교회의 거룩한 이름이 불명예스럽게 되지 않게 하소서. 제 자신이 먼저 구원받게 하소서. 끝까지 바른 길을 걸어가도록 성령께서 지켜주소서. 하나님의 말씀에 제 자신을 쳐서 복종시키는 치열함이 있게 하소서. 오직 하나님의 영광만 드러나게 하소서."

또한 이 말씀은 중간에 포기하거나 변질되거나 마음이 바뀌거나 열정이 식거나 하는 등의 변화 없이 끝까지 완주하라, 완성하라는 뜻입니다. 경주를 시작했다면 완주해야 합니다. 완주는 끝까지 달리는 것입니다. 중도 포기가 아니라 달려갈 길을 마치는 것입니다. 우리는 면류관을 얻기까지 완주해야 합니다. 물론 완주하는 것은 쉽지 않습니다. 여러 가지 어려움과 시련이 있습니다. 그래서 '내가 내 몸을 치는 것'입니다. 우리 자신의 의지와 소원을 따라가는 것이 아니라 우리의 의지를 하나님께 복종시켜서 면류관 받을 자로 만드는 것입니다. 나를 하나님께 복종시키고, 하나님의 코치를 받아 완주한 후에 면류관을 받는 것입니다.

우리가 하는 일에서도 언제나 유종의 미를 거둬야 합니다. 완성과 미완성의 차이는 한 글자 차이가 아닙니다. 하늘과 땅의 차이입니다. 중국 남북조 시대 양나라에 장승요라는 화가가 있었습니다. 장승요는 금릉의 안락사라는 절 벽면에 용 두 마리를 그렸습니다. 그런데 장승요는 용에 눈동자를 그려 넣지 않았습니다. 사람들이 이를 이상히 여겨 그 이유를 물었습니다. 장승요는 "눈동자를 그려 넣으면 그 용들이 살아나 하늘로 날아갈 것입니다"라고 말했습니다. 이 말을 들은 사람들은 어찌 그런 일이 있을 수 있느냐고 그를 미친 사람 취급했습니다.

더는 참을 수 없었던 장승요는 붓을 들어 용의 눈에 눈동자를 그려 넣었습니다. 그러자 놀라운 일이 일어났습니다. 장승요의 말대로 눈동자를 얻은 한 마리 용이 벽에서 뛰어나와 하늘로 날아갔습니다. 눈동자를 그려 넣지 않은 용 한 마리만 남아 있었습니다. 이 고사가 '화룡정점'입니다. 눈동자를 그려 넣는 것과 같은 가장 중요한 일, 결정적인 일을 해서 일을 끝마치는 것을 뜻할 때 사용하는 고사성어입니다.

그런데 저는 이 고사성어의 원 뜻보다 이 이야기가 담고 있는 내용에 주목해보았습니다. 눈동자는 가장 중요한 것이기도 하지만 완성을 위한 마침표에 해당합니다. 그러니까 가장 중요한 일을 함으로써 일을 완성한다는 의미도 크지만, 일을 마친 것과 마치지 않은 것은 굉장한 차이가 난다는 보이지 않는 통찰을 얻을 수 있었습니다.

우리도 큰일이든 작은 일이든 완성의 기쁨을 자주 맛보며 살아야 합니다. 작은 일에서 완성의 기쁨을 누리는 사람은 큰일에도 도전할 수 있습니다. 작은 승리의 깃발을 흔드는 사람이 결국 큰 깃발도 흔들게 됩니다. 우리가 확실히 알아야 할 것은 완성과 미완성의 차이가 엄청나다는 것입니다.

일반인의 눈에는 거의 식별되지 않는 작은 결함 때문에 시장에 내놓지 못한 상품들이 많습니다. 작은 결점 하나 때문에 상품 가치를 잃은 것입니다. 완성과 미완성은 엄청난 차이가 있습니다. 우리는 끝까지 잘해야 합니다. 중간까지 잘하다가 마지막에 망쳐서는 안 됩니다. 끝까지 아름다운 선한 싸움을 싸워야 합니다. 우리 모두 끝까지 완주해 사도 바울처럼 예수님이 주시는 의의 면류관을 받게 될 것입니다.

여기 완주한 자가 누릴 분명한 복이 있습니다. 우리 주님께서 예비하신 의의 면류관입니다.

나는 선한 싸움을 싸우고 나의 달려갈 길을 마치고 믿음을 지켰으니 이제 후로는 나를 위하여 의의 면류관이 예비되었으므로 주 곧 의로우신 재판장이 그날에 내게 주실 것이며 내게만 아니라 주의 나타나심을 사모하는 모든 자에게도니라 딤후 4:7,8

우리 앞에 놓인 시간들이 그저 그렇게 지나간 수많은 과거의 한 해와 같아서는 안 됩니다. 무엇보다 먼저 거룩한 목표를 세우고 성취하는 기회가 되어야 합니다. 여러분의 인생에 자랑스럽게 기억되는 시간들이 되어야 합니다. 우리는 출발을 알리는 총성을 들었습니다. 이미 경주 중입니다. 돌아볼 여유가 없습니다. 상을 얻기 위해 우리는 목표를 향해 질주하고 있습니다. 이 인생 경주에서 승리하기 위해 자신과 매일 싸워 이기기를 바랍니다. 생명의 면류관을 얻기까지 목표에 집중하십시오. 끝까지 선한 싸움을 다 싸우고 의의 면류관을 얻기를 소원합니다.

＃ 인생의 경주에서 승리한 바울

우리의 인생은 달리기 경주와 같다. 인생의 경주에서 승리하기 위해서는 자신을 절제하고 싸워 이겨야 한다. 바울은 푯대를 향해 달려가는 삶을 완주했다. 우리도 생명의 면류관을 얻기까지 목표에 집중하고 끝까지 달려간다면 주님이 주시는 승리의 면류관을 얻게 될 것이다.

12 이삭이 그 땅에서 농사하여 그 해에 백 배나 얻었고 여호와께서 복을 주시므로 13 그 사람이 창대하고 왕성하여 마침내 거부가 되어 14 양과 소가 떼를 이루고 종이 심히 많으므로 블레셋 사람이 그를 시기하여 15 그 아버지 아브라함 때에 그 아버지의 종들이 판 모든 우물을 막고 흙으로 메웠더라 16 아비멜렉이 이삭에게 이르되 네가 우리보다 크게 강성한즉 우리를 떠나라 17 이삭이 그곳을 떠나 그랄 골짜기에 장막을 치고 거기 거류하며 18 그 아버지 아브라함 때에 팠던 우물들을 다시 팠으니 이는 아브라함이 죽은 후에 블레셋 사람이 그 우물들을 메웠음이라 이삭이 그 우물들의 이름을 그의 아버지가 부르던 이름으로 불렀더라 19 이삭의 종들이 골짜기를 파서 샘 근원을 얻었더니 20 그랄 목자들이 이삭의 목자와 다투어 이르되 이 물은 우리의 것이라 하매 이삭이 그 다툼으로 말미암아 그 우물 이름을 에섹이라 하였으며 21 또 다른 우물을 팠더니 그들이 또 다투므로 그 이름을 싯나라 하였으며 22 이삭이 거기서 옮겨 다른 우물을 팠더니 그들이 다투지 아니하였으므로 그 이름을 르호봇이라 하여 이르되 이제는 여호와께서 우리를 위하여 넓게 하셨으니 이 땅에서 우리가 번성하리로다 하였더라

17

백 배의
복을 누려라

_____ *잘 사는 그리스도인*

그리스도인으로서 '잘 산다'는 것은 무엇일까요? 저는 목사로서
성도들이 항상 천국을 소망하며 살기를 바라지만 이 땅에서도
잘 살기를 바랍니다. 창세기 26장에서 이삭이 한 해에 백 배의
결실을 얻었다고 하는데, 이런 축복을 우리 그리스도인들이 누
리며 살기를 바랍니다.

그런데 한 가지 명심해야 할 것이 있습니다. 과연 그리스도인
으로서 잘 산다는 것은 무엇인지 생각해보아야 합니다. 그리고
이 책을 다 읽고 나서 마지막에 '그래, 그리스도인의 축복은 바
로 이거지!' 하는 깨달음을 얻었으면 좋겠습니다.

이삭이 그 땅에 농사해서 그 해에 백 배를 얻었습니다.

이삭이 그 땅에서 농사하여 그 해에 백 배나 얻었고 여호와께서 복

을 주시므로 창 26:12

여기서 '그 해'는 1절과 같은 해입니다. 흉년이 들었던 해입니다. 흉년이 든 해에 이삭은 백 배의 결실을 얻었습니다. 이것을 어떻게 이해할 수 있습니까? 하나님의 은혜 외에는 다른 답이 없습니다.

그 근거를 창세기 26장 1-4절에서 확인할 수 있습니다. 이삭은 흉년이 들자 그랄로 이주했고, 흉년을 피해 애굽으로 가려고 했습니다. 그런데 그때 하나님께서 이삭에게 애굽으로 가지 말라고 하십니다.

아브라함 때에 첫 흉년이 들었더니 그 땅에 또 흉년이 들매 이삭이 그랄로 가서 블레셋 왕 아비멜렉에게 이르렀더니 여호와께서 이삭에게 나타나 이르시되 애굽으로 내려가지 말고 내가 네게 지시하는 땅에 거주하라 이 땅에 거류하면 내가 너와 함께 있어 네게 복을 주고 내가 이 모든 땅을 너와 네 자손에게 주리라 내가 네 아버지 아브라함에게 맹세한 것을 이루어 네 자손을 하늘의 별과 같이 번성하게 하며 이 모든 땅을 네 자손에게 주리니 네 자손으로 말미암아 천하 만민이 복을 받으리라 창 26:1-4

이 말씀을 보면 비록 흉년의 참혹함이 할퀴고 간 자리일지라도 하나님이 함께 계시면 백 배의 결실을 얻을 수 있음을 알 수 있습니다. 기독교인이 누리는 복의 본질은 상황이 아니라 하나님이 함께하시는 것입니다.

그래서 우리는 하나님의 함께하심을 사모해야 합니다. 하나님의 함께하심을 사모하는 자에게 하나님은 이런 말씀을 주셨습니다.

이러므로 주 여호와께서 이와 같이 말씀하시니라 보라 나의 종들은 먹을 것이로되 너희는 주릴 것이니라 보라 나의 종들은 마실 것이로되 너희는 갈할 것이니라 보라 나의 종들은 기뻐할 것이로되 너희는 수치를 당할 것이니라 사 65:13

하나님이 함께하시면 우리 앞에 있는 장애물이 문제가 되지 않습니다. 어떤 상황에서도 하나님의 능력과 은혜를 힘입게 됩니다. 이삭이 어려운 흉년의 때에 큰 축복을 받을 수 있었던 것은 그의 노력도 있었지만 근본적으로 하나님이 그와 함께하셨기 때문입니다.

백 배의 축복을 누리는 삶의 비결

여호와께서 복을 주시므로 그 사람이 창대하고 왕성하여 마침내
거부가 되어 양과 소가 떼를 이루고 종이 심히 많으므로 블레셋
사람이 그를 시기하여 창 26:12-14

이삭이 거부가 될 때까지 계속 부(富)가 늘어났다고 합니다.
얼마나 많은 복을 받았는지 주변에 살던 이민족들이 그를 시기
하기에 이르렀습니다. 그 사람들이 얼마나 시기를 했는지 아버
지 아브라함 때 팠던 우물들을 다 메워버렸습니다. 한 번 상상
해보십시오. 죽음 같은 척박한 광야가 입을 딱 벌리고 있는 메
마른 곳에서 우물은 곧 생명줄 아닙니까? 그렇게 목숨 같은 우
물을 막은 것입니다.

이삭은 시기만 받은 것이 아닙니다. 그곳의 왕인 아비멜렉이
"네가 우리보다 크게 강성한즉 우리를 떠나가라"(창 26:16)라고
했습니다. 아쉽게도 성경에는 이런 상황에 처한 이삭의 심정이
기록되어 있지 않습니다. 그러나 우리가 조금만 생각해보아도
그가 얼마나 참담했을지 짐작할 수 있습니다. 흉년이 천지를 뒤
덮은 해에 백 배의 결실을 얻은 땅, 그 축복의 땅에서 떠나라고
합니다. 피땀 흘려 개간한 땅을 빼앗기는 심정이 어떻겠습니까?
다 포기하고 간다고 하더라도 가다가 적시에 우물을 만나지 못

하면 소와 양들이 떼죽음을 당할 것이 불 보듯 뻔했습니다. 오랜 시간 동안 수고한 노력이 한순간에 사라질 위기였습니다. 그러나 목숨 걸고 이루어놓은 삶의 터전을 그렇듯 힘없이 떠나야 했습니다. 커다란 위기가 이삭을 덮친 것입니다.

1. 아버지의 우물을 파라

이삭이 그곳을 떠나 그랄 골짜기에 장막을 치고 거기 거류하며 그 아버지 아브라함 때에 팠던 우물들을 다시 팠으니 이는 아브라함이 죽은 후에 블레셋 사람이 그 우물들을 메웠음이라 이삭이 그 우물들의 이름을 그의 아버지가 부르던 이름으로 불렀더라

창 26:17,18

이삭은 피눈물을 흘리며 복 받은 땅을 떠났을 것입니다. 그리고 그랄 골짜기에 새 삶의 터전을 닦았습니다. 물이 가장 중요한 생존의 요소인지라 우물을 파야 했습니다. 그러나 무조건 땅만 판다고 해서 물을 얻을 수 있는 것은 아닙니다. 물줄기가 지나가는 곳이 아니라면 아무리 파도 헛일입니다. 이삭은 참으로 지혜로웠습니다. 그는 아버지 아브라함이 팠던 우물들, 나중에 이웃 사람들이 증오로 막아버린 그 우물들을 다시 팠습니다. 그곳에는 분명히 물줄기가 있었습니다.

"아버지가 팠던 우물을 파라!"

이것은 참으로 중요한 진리입니다. 어느 나라나 학교에서 자신들의 역사를 배우고 세계 역사도 배웁니다. 왜 역사를 배웁니까? 과거의 진리들을 발견해서 미래를 새롭게 열기 위함입니다. 미래를 여는데 왜 과거가 필요합니까? 인간이 발견한 진리들은 어느 날 갑자기 하늘에서 뚝 떨어진 것이 아닙니다. 수천 년 전부터 조금씩 발견한 진리들이 쌓여 오늘날 탐사 로켓도 화성까지 보내는 것입니다.

인간이 얼마나 나약합니까? 짐승과 상대해도 이길 확률이 없습니다. 달리기를 잘합니까? 하늘을 납니까? 악어를 보면 기겁을 하게 됩니다. 그런데 얼마 전에 캄보디아 비전트립을 다녀온 청년들이 현지에서 악어고기를 먹었다고 해서 깜짝 놀란 적이 있습니다. 악어가 사람을 잡아먹는 줄 알았는데 사람이 악어를 잡아먹다니요. 사람이 이렇게 무서운 존재입니다. 왜 무서운 존재일까요? 왜 만물의 영장이라고 합니까. 사람은 과거 조상들의 지혜와 경험을 축적하고 배운 것을 활용하기 때문입니다. 아버지가 파놓은 우물을 다시 파는 것처럼 말입니다.

여러분이 어떤 분야의 전문가가 되려고 한다면 어디에 가서 무엇을 배웁니까? 여러분이 의사나 항공 정비사가 되려고 한다면 어디를 찾아갑니까? 무슨 일이든 그 분야를 가장 잘 아는 사람이나 학교를 찾아가 기초부터 차근차근 배우는 것이 바람직

합니다. 어떤 일을 해도 마찬가지입니다. 그 분야의 지혜와 경험을 배워야 합니다. 그것을 배우지 않고 독불장군 식으로 자기 혼자 해보겠다고 해서는 아무런 소득이 없습니다.

어떤 분야에 지식이 없어서 고생하고 있습니까? 그것을 부끄럽게 생각하지 말고 쉬운 것부터 차근차근 배우십시오. 모르는 것이 부끄러운 것이 아니라 시도하지 않는 것이 부끄러운 것입니다. 어려운 환경에서 열심히 공부했던 사람들의 경험담도 경청하십시오. 좋은 방법들을 배우십시오. 이미 파놓았던 우물, 그래서 다시 파기만 하면 분명히 물을 만나게 되는 아버지의 우물을 파는 것입니다. 그것이 바로 아버지가 판 우물을 다시 파는 것입니다. 성공으로 가는 지혜로운 첫 걸음입니다. 이것을 경영학 용어로는 벤치마킹이라고 하는데, 우리는 지금 성경의 멘토들을 통해 인생을 배우고 있는 것입니다.

2. 자신의 우물을 파라

이삭의 종들이 골짜기를 파서 샘 근원을 얻었더니 그랄 목자들이 이삭의 목자와 다투어 이르되 이 물은 우리의 것이라 하매 이삭이 그 다툼으로 말미암아 그 우물 이름을 에섹이라 하였으며 또 다른 우물을 팠더니 그들이 또 다투므로 그 이름을 싯나라 하였으며

창 26:19-21

이삭은 여기서 한 걸음 더 나아갑니다. 이삭은 아버지의 우물만 파지 않았습니다. 새로운 우물을 팠습니다. 이것이 이삭의 위대함입니다. 아라비아 속담에 이런 말이 있습니다.

"무엇인가 하고 싶은 사람은 방법을 찾아내고, 아무것도 하고 싶지 않은 사람은 구실을 찾아낸다."

우리는 우리 자신의 우물을 파야 합니다. 아버지의 우물을 파서 각 분야의 귀한 경험과 지혜와 지식을 배웠다면 그것들을 응용해서 우리의 상황 속에 적용시켜야 합니다. 그것을 자양분으로 삼아서 자신의 삶의 영역을 계속 넓혀가는 것이 대단히 중요합니다. 벤치마킹으로는 이미 상품을 만들어낸 기업의 한계를 넘어설 수 없습니다. 스스로 찾아낸 독창성과 열정이 있어야 합니다. 그렇게 애쓰는 헌신을 통해서 새로운 분야로 나아가는 것입니다.

쉬운 예를 들자면, 샌프란시스코에 유명한 한국인 요리사가 있습니다. 그는 17세에 요식업계에 입문해서 뉴욕의 한 식당에서 기초부터 많은 기술을 습득했습니다. 주위 사람들이 그의 성실과 열정에 탄복할 정도였습니다. 그는 이를테면 뉴욕의 식당에서 아버지의 우물을 판 것입니다. 그리고 거기에 안주하지 않고 자신만의 독창적인 요리 세계를 만들겠다는 꿈을 꾸었습니다. 자신이 만든 요리를 많은 사람들에게 맛보게 하려는 꿈을 가지고 샌프란시스코에서 창업을 했고, 지금은 아주 유명한 레스토랑이 되었습니다.

이것을 우리 삶에도 적용해봅시다. 우리 모두 자기 우물을 파야 합니다. 옛것만 가지고는 어쩌면 우리가 받은 것을 간신히 유지할 수는 있을 것입니다. 그러나 그것만 가지고 계속 발전할 수는 없습니다. 전통은 매우 소중합니다. 하지만 전통만 고집하면 변화하는 세계 속에서 뒤처지고 맙니다. 든든한 전통의 토대 위에서 새 시대를 열 수 있는 비전과 전략이 있어야 합니다.

제가 미국에서 공부와 목회를 병행할 때 목회 현장에 가면 '건강한 교회는 어떤 교회일까' 하면서 매우 깊은 관심을 가지고 살펴보았습니다. 그래서 목회를 잘하는 분들을 통해서 배우려고 노력했습니다. 그 분들이 어떻게 설교를 하고 목회하는지를 계속 연구하고 배우던 중에 깜짝 놀란 적이 있습니다.

시카고에서 윌로우크릭교회를 시작한 빌 하이벨스 목사와 캘리포니아에서 새들백교회를 시작한 릭 워렌 목사는 30년 앞서서 교회의 모습을 내다보았습니다. 두 사람은 서로 알지 못했지만 교회를 비슷한 모습으로 만들어가고 있었습니다. 서부와 동부의 거리가 꽤 멀지만 그 교회들이 지향하는 바가 비슷하고 많은 부분이 닮아 있다는 것을 느꼈습니다. 두 교회가 복음의 핵심과 본질을 지키면서 어떻게 열매를 맺을까 연구하고 기도하고 노력하는 가운데 새로운 모델들을 제시했는데, 많은 점이 비슷했습니다. 그때 '고수끼리는 뭔가 통하는 것이 있구나' 하고 감탄한 기억이 있습니다.

저는 교회가 단기적으로 집중해야 할 사업에 대해 지난 한 해 동안 생각했습니다. 교회를 비난하는 이 시대에 우리 교회가 존재해야 하는 당위성에 대해 고민했습니다. 그리고 믿지 않는 사람들로부터 '그 교회는 꼭 필요한 교회'라는 인정을 받을 수 있는 일들을 해야겠다고 다짐했습니다.

기독교가 우리나라에 전해진 초기에 선교사들은 의료, 교육, 구제 등을 통해서 절망적 상황 가운데 있던 우리 조상들에게 다가갔습니다. 고통 속에 있던 사람들에게 하나님의 말씀인 복음뿐 아니라 의료와 교육과 구제도 기쁜 소식이었습니다.

그러나 지금은 시대가 많이 달라졌습니다. 의료는 대학교나 대기업이 운영하고, 교육은 이미 학교가 그 역할을 담당하고 있으며, 구제는 나라와 지방자치단체의 복지부서가 담당하고 있습니다. 이제 이런 일들은 한 교회가 감당하기에는 벅찬 일이 되었습니다. 그래도 우리 교회가 해야 할 일을 찾아보았습니다. 당장은 교회 앞에 짓는 복지센터를 더 지원하는 것으로 지역사회를 돕고 있습니다.

저는 사회를 위해서 좋은 일을 하면서도 교회의 영저 성장에 도움이 되는 일이 무엇일까 찾아보던 중에 저희 교회를 위해 헌신한 분들을 돌보는 것이 순서라는 생각을 했습니다. 평생 저희 교회를 섬기셨던 은퇴 권사님이 어느 날 목양실로 저를 찾아오셨습니다. 건강상의 이유로 요양원에 가게 되었다면서 제게 마지막 인사를 하러 오셨습니다. 권사님은 가족들과 떨어져 사는 것은 참을 수 있겠는데 평생 섬겨온 교회를 떠나는 것이 견딜 수 없는 고통이라며 눈물을 흘리셨습니다. 저도 속으로 눈물을 삼키며 참 안타까웠습니다.

권사님과의 만남은 제가 찾고 있던 새로운 사역에 대한 힌트를 주었습니다. 권사님이 가신 후에 저는 곰곰이 생각해보았습니다. 권사님이 몇 년 동안 요양원에서 지내시면 자연스럽게 연락이 끊기고 장례식조차 교회에서 치를 수 없게 되지 않을까, 그렇다면 얼마나 죄송한 일인가. 또 일부 요양원들이 노인들을 돈벌이 수단으로 취급하고 학대한다는 이야기도 들었는데, 우리가 이런 일을 한다면 평생 우리 교회를 위해 헌신하신 분들이 교회의 보호와 사랑 속에서 당당한 인격체로 존중받다가 하늘나라에 가실 수 있을 거라는 확신이 들었습니다.

하지만 이것이 너무 독립된 장소에 있으면 안 되고, 교회 사역이 늘 이루어지는 곳에 있어야 한다는 생각이 들었습니다. 수양관 시설과 함께 있으면 다음 세대의 건강한 양육을 위해서 잘 쓰일 수 있을 것 같았습니다. 교회 각 단체가 영성 함양을 위해 이용할 수 있는 공간이 되고, 계절별 수련회 장소로 사용하고, 전교인 산상기도회를 위한 장소로도 사용하고, 교인들의 쉼과 안식을 위해서도 사용하는 것입니다. 이런 다목적 시설을 갖춘다면 여러 면에서 교회 사역이 더욱 탄력을 얻게 되리라고 생각했습니다. 물론 쉽지는 않을 것입니다. 그래서 이 일이 실현될 수 있도록 기도하고 있습니다. 우리의 기도가 하늘에 닿을 때 하나님께서 이루어주시리라 믿습니다.

하나님을 믿는 자에게는 하나님께서 한 해에 백 배의 결실을 얻게 하셨습니다. 각자 일하는 분야에서 축적된 지식과 지혜와 경험을 섭렵하고, 그것을 자신의 방법으로 독창적으로 개발해보십시오. 그것을 토대로 우리의 미래를 열어나가면 백 배의 축복을 누리게 될 것입니다.

3. 받은 복을 나눠라

혼신의 힘을 다해서 어렵게 개척해가는 이삭에게 또 다른 시련이 찾아왔습니다. 그 근방에 살던 목자들이 싸움을 걸어온 것입니다. 이삭의 종들이 힘들게 파놓은 우물이 자신들의 것이라고 생떼를 썼습니다. 하지만 이삭은 자기 권리를 고집하지 않았습니다. 그들에게 우물을 넘겨주었습니다.

그리고 다른 곳으로 가서 다시 우물을 팠습니다. 그런데 목자들이 또 달려들어 그것도 자기들의 것이라고 우겼습니다. '아무리 내가 하나님을 믿는다고 해도 유분수지 어디까지 참으란 말인가? 지난번 우물도 그랬는데, 나는 참을 만큼 참았어!' 하는 생각이 들 정도입니다. 그러나 이삭은 또 참았습니다. 우물의 이름을 대적함이라는 뜻의 싯나로 불렀고, 그것도 그들에게 주었습니다. 이삭은 또 옮겨갔습니다. 다시 어렵게 우물을 팠습니다. 그 지방의 목자들도 충분한 물을 얻었기에 더 이상 시비를 걸지 않았습니다. 그래서 이삭은 그 우물을 장소가 넓다는 뜻의 르호봇이라고 불렀습니다.

> 이삭이 거기서 옮겨 다른 우물을 팠더니 그들이 다투지 아니하였으므로 그 이름을 르호봇이라 하여 이르되 이제는 여호와께서 우리를 위하여 넓게 하셨으니 이 땅에서 우리가 번성하리로다 하였더라 창 26:22

저는 여기서 이삭의 위대함을 발견했습니다. 이삭에게는 척박한 광야를 개척하는 불굴의 의지, 아버지의 우물을 파는 지혜, 자신의 우물을 파는 독창성과 노력, 그리고 인내로 함께 번영을 구가하는 세계관이 있었습니다. 저는 이런 이삭의 위대한 모습에 감탄하며 무릎을 쳤습니다.

여기서 르호봇에 의미를 부여하고 싶습니다. 아버지의 우물을 파는 지혜와 자신의 우물을 파는 노력과 독창성이 만들어낸 우물인 르호봇. 개척의 땀방울 끝에 얻은 우물을 넉넉한 마음으로 양보하고 다시 얻은 우물 르호봇. 그래서 르호봇은 사랑과 헌신의 상징입니다. 르호봇은 원수들도 품어 안는 이해와 용서의 상징인 것입니다.

백 배의 복을 누리는 삶의 비결이 여기 있었습니다. 르호봇의 정신, 즉 사랑과 이해와 양보의 정신없이 아버지의 우물을 파고 자신의 우물을 아무리 많이 판들 내 가족에게, 이웃들에게, 이 세 상에 얼마나 기여를 하겠습니까? 그것은 고작 자기 배만 불리는 삶에 지나지 않을 것입니다. 르호봇의 삶을 살지 않는 한 산해진 미의 식탁, 부귀공명과 출세는 아무런 의미도 없는 것입니다.

우리는 르호봇의 정신 속에서 그리스도의 십자가 사랑을 발 견할 수 있습니다. 우리는 하나님의 원수였습니다. 심판받고 징 벌받을 수밖에 없는 원수였던 우리가 하나님의 사랑과 예수님의 일방적인 희생으로 구원의 생수를 마실 수 있게 되었습니다.

곧 우리가 원수 되었을 때에 그의 아들의 죽으심으로 말미암아 하 나님과 화목하게 되었은즉 화목하게 된 자로서는 더욱 그의 살아 나심으로 말미암아 구원을 받을 것이니라 롬 5:10

아무 공로 없이 예수님의 죽으심으로 구원의 은혜를 입은 우 리도 그런 사랑을 실천해야 합니다. 이것이 바로 르호봇의 정신 입니다.

나는 너희에게 이르노니 너희 원수를 사랑하며 너희를 박해하는 자를 위하여 기도하라 이같이 한즉 하늘에 계신 너희 아버지의 아들이 되리니 이는 하나님이 그 해를 악인과 선인에게 비추시며 비를 의로운 자와 불의한 자에게 내려주심이라 마 5:44,45

여러분의 인생에서 백 배의 복을 누리고 싶습니까? 여기 복의 비밀이 있습니다. 처음부터 끝까지 하나님을 바라보십시오. 하나님의 약속을 마음에 새기고 개척의 길을 떠나십시오.

이 시대의 모범이 되는 인생

이 시대에 여러분에게 요구하시는 하나님의 뜻은 바로 여러분이 이 시대를 밝히는 빛이요, 이 시대의 부패를 막는 소금으로 사는 것입니다. 하나님께서는 바로 여러분이 모델이 되기를 원하십니다. 이제 모든 방면에서 나의 말과 행실과 믿음이 다른 사람들에게 평가되고 있음을 알아야 합니다. 그리고 내 모습이 다른 사람들에게 거룩한 영향력을 주는 모범이 되어야 한다는 사실을 분명히 알아야 합니다.

세상에는 앞서가는 지도자가 있고, 지도자를 따라가는 사람들이 있습니다. 하나님은 그리스도인인 우리 모두를 지도자로 부르셨습니다. 지도자는 말과 행실과 사랑과 믿음에서 모델이 되어야 합니다. 지도자의 길은 결코 쉽지 않습니다. 그러나 지도자의 길을 걸은 후 얻게 되는 열매는 너무나 귀한 것들입니다. 거룩한 영향력이 남게 됩니다. 거룩한 영향력은 다음 세대에 영향을 주고 또 영향을 주어서 확대 재생산됩니다.

몇 년 전에 행정고시에서 최고 점수로 합격한 사람의 이야기가 신문에 실렸습니다. 재미있는 것은 그 사람이 힘들고 괴로울 때 그것을 극복하기 위해 합격한 사람들의 수기를 많이 읽었다는 것입니다. 하도 많이 읽어서 다 외울 정도였다고 합니다. 제가 보기에 고시에 합격한 것이 이상했습니다. 법전이나 학과 내용도 외우기가 바쁠 텐데 고시 합격자들의 수기를 외웠다니 말입니다. 그런데 그 사람이 1등으로 합격했습니다. 왜 그랬을까요? 그 사람은 수기를 통해 앞서간 사람들의 모범을 배운 것입니다. 지칠 줄 모르는 투지, 시간 사용 계획, 학습 방법 등 이미 합격한 사람들의 모범을 잘 따른 것입니다.

우리 모두 인생의 마라톤에서 우승자가 되어야 합니다. 마라톤 우승자들에게는 마라톤에서 우승하기 위한 필승 전략이 있다고 합니다. 대개 마라톤의 우승자는 선두 그룹에서 나옵니다. 그런데 처음부터 치고 나가는 사람이 우승하는 일은 거의 없습니다. 마라톤은 인간의 한계를 시험하는 경주입니다. 자기 힘과 속도를 잘 조절하는 것이 승패를 좌우합니다. 대개 우승자들은 선두 그룹에서 앞사람을 뒤따르던 선수가 막판에 치고 나가서 결승선에 먼저 골인합니다.

모범을 잘 따르다가 결정적인 순간에 역전을 하는 것입니다. 우리도 우리 삶의 모든 영역에서 그랬으면 좋겠습니다. 처음에는 앞사람을 잘 보고, 잘 관찰하고, 잘 배우고, 지치지 않고 뒤쫓다가 그 사람을 제치고 우승하는 것입니다. 처음에는 다른 사람을 모델로 세우고 열심히 배우다가 나중에는 내가 더 큰 모델이 되는 것입니다.

바울은 예수님을 멘토로 삼아 열심히 살았습니다. 그리고 나중에는 자신 있게 자신을 본받으라고 했습니다.

내가 그리스도를 본받는 자가 된 것같이 너희는 나를 본받는 자가 되라 고전 11:1

바울은 참으로 큰 사도였습니다. 그는 열심히 예수님을 본받으려고 했습니다. 예수님의 뜻대로 살려고 노력했습니다. 말 한마디를 해도, 어떤 일을 해도 예수님처럼 하려고 했습니다. 그렇게 살다 보니 자연스럽게 예수님을 닮게 되었습니다. 이제는 다른 사람들에게 자신이 예수님을 본받아 살고 있으니 자신의 삶을 본받으라고 말했습니다. 그러다 보니 시간이 흘러 자신도 다른 사람들의 모델이 되었습니다.

참 놀라운 고백입니다. 대단히 존경스럽습니다. 저도 교인들에게 그렇게 말해야 마땅한데, 영 자신이 없습니다. 제 인격이 너무 부족하고, 제 삶이 너무 부끄럽기 때문입니다.

그러나 우리는 예수님을 닮는 일을 포기해서는 안 됩니다. 나는 도저히 그렇게 못한다고 포기하면 안 됩니다. 우리는 여전히 부족하고 모순투성이지만, 그래도 예수님을 닮으려고 노력해야 합니다.

예수님의 말씀을 배우는 것을 포기하지 마십시오. 예수님의 마음을 헤아리는 것을 포기하지 마십시오. 예수님의 인격과 삶을 본받으려는 일을 포기하지 마십시오. 이것이 이 세상에서 주 안에 굳게 서고 주님이 주시는 복을 풍성히 누리는 길입니다.

백 배의 축복을 받은 이삭

이삭은 척박한 환경에서도 아버지의 우물을 파는 지혜와 자신의 우물을 파는 독창성이 있었다. 무엇보다 주변에서 아무리 시기하고 시비를 걸어와도 이해하고 자신의 것을 양보하는 사랑의 마음, 르호봇의 정신이 있었다. 우리도 옛것을 배워서 자신의 것으로 만들고 사랑으로 나눌 때 주님이 주시는 백 배의 복을 받게 될 것이다.

MENTOR FOR LIFE

인생 멘토

초판 1쇄 발행   2019년 5월 8일

지은이   함택
펴낸이   여진구
책임편집   안수경
편집   이영주 김윤향 최현수 김아진 권현아
책임디자인   노지현 조아라 | 마영애 조은혜
기획 · 홍보   김영하   해외저작권   기은혜
마케팅   김상순 강성민 허병용   마케팅지원   최영배 정나영
제작   조영석 정도봉   경영지원   김혜경 김경희

이슬비전도학교   최정식   303비전성경암송학교   박정숙
303비전장학회 & 303비전꿈나무장학회   여운학

펴낸곳   규장

주소   06770 서울시 서초구 매헌로 16길 20(양재2동) 규장선교센터
전화 02)578-0003   팩스 02)578-7332
이메일 kyujang0691@gmail.com   홈페이지 www.kyujang.com
페이스북 facebook.com/kyujangbook   인스타그램 instagram.com/kyujang_com
카카오스토리 story.kakao.com/kyujangbook
등록일 1978.8.14. 제1-22

ⓒ 저자와의 협약 아래 인지는 생략되었습니다.
이 출판물은 저작권법에 의해 보호를 받는 저작물이므로 무단 전재와 무단 복제를 할 수 없습니다.

책값   뒤표지에 있습니다.
ISBN 978-89-6097-584-2 03230

규 | 장 | 수 | 칙

1. 기도로 기획하고 기도로 제작한다.
2. 오직 그리스도의 성품을 사모하는 독자가 원하고 필요로 하는 책만을 출판한다.
3. 한 활자 한 문장에 온 정성을 쏟는다.
4. 성실과 정확을 생명으로 삼고 일한다.
5. 긍정적이며 적극적인 신앙과 신행일치에의 안내자의 사명을 다한다.
6. 충고와 조언을 항상 감사로 경청한다.
7. 지상목표는 문서선교에 있다.